Lieve Joris
Die Sängerin von Sansibar

W0189683

Zu diesem Buch

Mit ihren farbigen und einfühlsamen Reiseerzählungen entführt Lieve Joris den Leser an magische Orte: nach Sansibar, in den Senegal, nach Trinidad und Ägypten. Sie erlebt ein Weihnachtsfest in einer Missionsstation im afrikanischen Busch, begegnet der Sängerin Aziza, die nach dem Tod ihres Mannes erfahren muß, daß dieser ein notorischer Ehebrecher war, und der Zweitfrau Nagla, der es eigentlich nur lieb ist, wenn ihr Mann seine andere Frau in Kenia besucht. Mit dem Schriftsteller V. S. Naipaul reist Lieve Joris durch Trinidad, und sie lernt die Stadt Kairo mit den Augen des Autors Nagib Machfus kennen. Behutsam kommt die belgische Reiseschriftstellerin den Kulturen und Menschen näher, denen sie die Freiheit gibt, sich selbst darzustellen.

Lieve Joris, gebürtige Belgierin, ist eine der herausragenden europäischen Reiseerzählerinnen. Zu den Themen ihrer vielfach preisgekrönten Bücher gehören Ungarn, Syrien und der Nahe Osten sowie Schwarzafrika. Die Autorin lebt heute in Amsterdam. Auf deutsch liegen außerdem ihr afrikanisches Tagebuch »Mali Blues« sowie »Die Tore von Damaskus« vor.

Lieve Joris
Die Sängerin von Sansibar

Reiseberichte aus einer magischen Welt

Aus dem Niederländischen von
Maurus Pacher

Piper München Zürich

Von Lieve Joris liegen in der Serie Piper außerdem vor:
Mali Blues (2977)
Die Tore von Damaskus (3088)

Ungekürzte Taschenbuchausgabe
September 2001
© 1992 Lieve Joris und J. M. Meulenhoff bv,
Amsterdam
Titel der niederländischen Originalausgabe:
»Zangeres op Zanzibar«, J. M. Meulenhoff bv,
Amsterdam 1992
© der deutschsprachigen Ausgabe:
2000 Malik in Piper Verlag GmbH, München
Umschlag: Büro Hamburg
Stefanie Oberbeck, Isabel Bünermann
Foto Umschlagvorderseite: Hauke Dressler / Look
Foto Umschlagrückseite: François Belorgey
Satz: Ebner Ulm
Druck und Bindung: Clausen & Bosse, Leck
Printed in Germany   ISBN 3-492-22579-9

Inhalt

Die Sängerin von Sansibar

SIE IST AUF Sansibar eine prominente Sängerin, mehr haben mir meine Bekannten in Daressalam nicht über sie erzählt. Unwillkürlich springe ich auf, als sie die Hotellobby betritt. Aziza trägt ein knallgelbes Seidenkleid. Sie geht nicht, sie *schreitet* hocherhobenen Hauptes. Lachend drückt sie mir die Hand. Ich schätze sie auf etwa vierzig. Sie ist attraktiv, nicht groß, kompakt gebaut mit einem markanten Kopf und strahlend weißen Zähnen.

»Mein Auto steht vor der Tür«, sagt sie. Kurz drauf sitze ich neben ihr. Im Auto hängt ein süßer, betäubender Duft.

»*Buchur*«, tippe ich.

Sie lacht. »So nennen sie es in Saudi-Arabien.« Sie greift ins Handschuhfach und holt ein Flakon mit einer braunen dicken Flüssigkeit heraus. »Wir nennen es *Haludi*.«

Wir fahren über den Hafenboulevard. Die drei rostigen Schiffe, die ich am Tag meiner Ankunft sah, liegen noch immer vor der Küste vor Anker. »Das ist schon zwei Jahre so«, sagt Aziza, »sie müssen repariert werden.«

Gegenüber liegt der frühere Sultanspalast, die strahlend weiße, trügerische Fassade einer Stadt im Verfall. Hoch auf dem Turm flattert eine schmutzige grüne Flagge. Seit der Sultan 1964 durch die afrikanische Mehrheit auf der Insel vertrieben wurde, ist der Palast ein Regierungsgebäude.

Abends wandern die Sansibarer zum Boulevard, um die frische Seeluft zu schnuppern. Dann blitzen die grünen Neonlampen auf den Balustraden auf und tauchen die Umgebung in ein mildes Licht, das mit den Lichtern am Ufer verfließt, wo an kleinen Ständen Maiskolben, Mandioka und Huhn geröstet werden. Es ist der einzige Augenblick des Tages, in dem sich dieses strenge Monument der Vergangenheit mit dem lärmenden Betrieb zu versöhnen scheint, der sich zu seinen Füßen breitgemacht hat.

»Hast du die Apartmenthäuser des *kleinen Mannes* schon gesehen?«

»Des kleinen Mannes?«

»Ich meine Karume.«

Abeid Karume, sein Name hat einen düsteren Beiklang. Ich habe schon so viel über ihn gehört. Er war es, der die Araber von der Insel verjagte und die Afrikaner an die Macht brachte. Bevor er Präsident wurde, war er Heizer auf einem Schiff. Ein einfacher Mann mit tiefem Haß gegen die früheren Herrscher. Ein Despot.

Die Apartmenthäuser liegen in einer endlosen Reihe an beiden Seiten der Straße. »Wir nennen sie Züge.« Azizas Stimme klingt spöttisch. Wie sie da hintereinander aufgereiht liegen, mit ihren verschmierten Fensterscheiben und Schornsteinen auf dem Dach, ähneln sie in der Tat den Waggons eines Güterzugs.

»Das war das einzige, was er konnte: Häuser bauen«, sagt Aziza, »wenn er gekonnt hätte, hätte er

ganz Sansibar zubetoniert. Nicht um etwas zu schaffen, sondern um den Arabern zu zeigen, was Sache
ist. Er bekämpfte sie mit Zement. Er verkündete, daß
er sogar den heiligen Kaaba-Schrein von Mekka nachbauen könne.«

Erst wollte Karume hier Wolkenkratzer hochzie-
hen, aber das hatten ihm seine ostdeutschen Berater
ausgeredet. Der Untergrund war zu sumpfig. »Dar-
aufhin sagte er: Dann baue ich sie in die Länge!«

Sie redet wie über einen dummen kleinen Bruder,
aber es liegt auch Bitterkeit in ihrer Stimme. »Er haßte
Intellektuelle«, sagt sie, »er war stolz darauf, daß kein
einziges Mitglied des Revolutionären Rats die Ober-
schule abgeschlossen hatte. Sein bekanntester Slogan
war: Ihr habt studiert, aber nichts begriffen. Lernen
könne man nur auf der Straße, fand er.«

Ich habe Fotos von Karume gesehen, die bei den
Feiern der Unabhängigkeit aufgenommen worden
waren, einige Jahre vor seiner Ermordung. Er stand
auf einer Estrade, ein kleiner korpulenter Mann in
einer zu großen Uniform, einen schweren Stock in
der Hand. Seine Hose hing ihm über die Schuhe. Er
sah unbehaglich und bäurisch aus, als ob sie ihn auf
der Straße aufgegabelt und auf das Podium gestellt
hätten. Hinter ihm waren Vertreter ausländischer
Delegationen aufgebaut, Chinesen, Russen, Ostdeut-
sche, Afrikaner, die meisten in Hemdsärmeln. Männer, deren Spuren in den Widersprüchen des postkolonialen Afrika wieder ausgelöscht worden waren.

»Bist du ihm jemals begegnet?«

Aziza macht eine vage Handbewegung. »Jeder
kannte ihn. Er trieb sich immer auf den Baustellen

herum. Wenn er einen Arbeiter erwischte, der nicht spurte, schlug er ihn mit seinem Stock.«

Wir biegen in eine Seitenstraße ein. Der Asphalt geht in einen Sandweg über. Augenscheinlich ein neues Viertel, hier und da wird gebaut. Aziza parkt das Auto in einer Garage. Fünf Treppen hoch, eine Klingel. Die Frau, die öffnet, trägt ebenfalls ein gelbes Kleid. Sie sieht eher arabisch als afrikanisch aus. Offenes gelocktes Haar, ein hübsches Gesicht. Nagla. Sie wirkt zerbrechlich, obwohl sie schwerer ist als Aziza. Ihre pechschwarzen Augen schweifen prüfend von Aziza zu mir und wieder zurück.

»Ich habe auf euch gewartet.«

Aziza verschwindet im Schlafzimmer, kommt in einem weißrot geblümten *Kanga* zurück und beginnt, auf einem Tisch in der Ecke ein Kleid zu bügeln. »Heute abend fahren wir nach Bububu«, kündigt sie an.

Nagla schaut sich im Fernseher einen Videofilm an und macht keine Anstalten, das Gerät auszuschalten. Ein Horrorfilm, das bevorzugte Genre auf Sansibar. Wenig Dialog, viel Geheul und Geschrei. Ein Mann wird von seiner ermordeten Frau verfolgt. Er sägt ihren Kopf mit einer Kettensäge ab, Blutspritzer füllen den Bildschirm. Nagla stöhnt auf, als ob sie Schmerzen hätte. Der Mann sägt der Frau die Arme und Beine ab, doch ihr Kopf wütet weiter. Wieder stöhnt Nagla: »*Maskini, oje, oje.*«

Manchmal ruft sie Aziza etwas zu oder geht in die Küche, wo der afrikanische Koch das Essen zubereitet. Es ist einer von jenen Filmen, in die man jederzeit einsteigen kann, die Dramaturgie ist simpel und wiederholt sich mit schönem Regelmaß: Jedesmal, wenn man denkt, daß die Gefahr vorbei ist, kommt das Grauen um so gnadenloser um die Ecke. Jetzt fliegt der kreischende Kopf der Frau durchs Zimmer und prallt gegen die Wände.

Mein Blick schweift weiter. Im Gang hinter mir stehen gut und gern zwanzig Paar Schuhe aufgereiht. Neben dem Eßtisch eine Waschschüssel, eine modifizierte Version der Becken, die traditionell vor dem Essen herumgereicht werden. An der Wand hängt das kolorierte Foto eines ernst blickenden Mannes mit einer viel jüngeren Nagla. Auf dem Foto wirkt sie puppenhaft, ihre Haare sind üppig gelockt, die Augen stark geschminkt.

Nagla bemerkt meinen Blick. »Mein Hochzeitsfoto«, sagt sie.

»Wo ist dein Mann jetzt?«

»In Kenia, bei seiner ersten Frau.«

Er ist Geschäftsmann, reist zwischen Sansibar und Kenia hin und her.

»Sie ist jedesmal froh, wenn er weg ist«, ruft Aziza über die Schulter, »dann kann sie tun, was sie will.«

Nagla wirft ihr eine Bissigkeit auf Suaheli zu und lacht mich entschuldigend an. »Einer unserer Söhne studiert in Deutschland«, sagt sie. Und schon habe ich ein Fotoalbum auf dem Schoß, das er vor kurzem schickte. Offensichtlich ein moderner junger Mann. Auf einem Foto steht er im Schnee, im Jeansanzug, mit einer gehäkelten Mütze auf dem Kopf. Auf einem anderen sitzt er in seiner Studentenbude, im Hintergrund ein Stereoturm, an der Wand Poster von Bob Marley und Haile Selassie. Sein Haar ist lang und kraus, ungekämmt, an seinem Hemd steckt ein rotgelb-grüner Button.

»Ein Rastafari!«

Nagla rutscht auf der Bank zu mir her. »Was sagst du da?«

»Daß dein Sohn ein Rastafari ist!« Ich zeige auf seine Dreadlocks und auf das Abzeichen an seinem Hemd.

Nagla schaut mich nachdenklich an. »Lange Haare, ich habe immer gedacht, daß er die hat, weil es dort so kalt ist.«

Es stellt sich heraus, daß Bububu außerhalb der Stadt liegt. Es dämmert bereits, als wir uns aufmachen. Nagla hält vor einem kleinen Laden. Im Licht einer gelblichen Glühbirne stehen Flaschen mit Spirituosen in Regalen bis hinauf zur Decke. Als der Inhaber Nagla erblickt, holt er stillschweigend eine Flasche *Conjagi*, eine örtliche Gin-Sorte, aus dem Regal, wickelt sie in eine braune Tüte und bringt sie zum Auto.

Als wir weiterfahren, beginnt Aziza zu singen. Sie hat eine gutturale Stimme. Auf dem Handschuhfach schlägt sie den Rhythmus dazu.

Ulli haaga, ajje haaga, ull bahabbak ...

Sag mir was, sag irgendwas, sag mir: Ich liebe dich ...

Es ist ein Lied des ägyptischen Sängers Abdelhalim Hafes. Arabische Musik ist auf der Insel ungeheuer populär. Aziza kennt Dutzende Schlager auswendig. »Als Nasser seinerzeit den *kleinen Mann* besuchte, traute er seinen Ohren nicht«, sagt sie, »als er auf dem Flugplatz von einem Orchester empfangen wurde, das ein komplettes ägyptisches Repertoire spielte.«

Der *kleine Mann*, wieder liegt ein eigenartiger vertrauter Ton in Azizas Stimme. Ich lehne meinen Kopf gegen den Rücksitz und denke über die Ereignisse des Nachmittags nach. Allem Anschein nach wohnt Aziza bei Nagla, doch nach dem Essen klingelte das Telefon, und sie mußte sofort weg. »Ihre Kinder«, sagte Nagla mit bedeutungsvollem Blick. Aziza verheiratet? Ich hatte beinahe automatisch vorausgesetzt, daß sie allein sei. Bei den anzüglichen Bemerkungen über Naglas Eheleben hatte sie kein Blatt vor den Mund genommen.

»Und wo ist denn ihr Mann?«

Nagla schaute mich erstaunt an: »Ihr Mann? Hat sie dir nicht erzählt, was mit ihm passiert ist?«

»Bububu!« Mit schallender Stimme reißt mich Aziza aus meinen Gedanken. Weiter vorne tauchen die matten Lichter einer Strandterrasse auf.

»Nimmst du den Conjagi mit?«

»Nein, nimm du ihn nur.«

Zankend steigen sie aus dem Auto. Nagla stopft die Flasche in ihre Tasche. »Schnaps ist hier zu teuer«, sagt sie, »das machen wir immer so.«

In gedämpftem Licht sitzen die Inselbewohner plaudernd an weißen Tischen. Sie schauen auf und grüßen, als wir vorbeigehen. Jeder kennt hier jeden. An der Bar lümmeln ein paar betrunkene Männer um eine Frau in einem kurzen Glitzerkleid.

Wir bestellen Tonic. Azizas Augen suchen im Halbdunkel die Tische ab. »Nura ist nicht da«, stellt sie fest.

»Die hat Probleme«, sagt Nagla. Nura ist die Inhaberin des Cafés. Sie ist die neunzehnjährige Geliebte eines alten Japaners, der auf der Insel lebt. Er ist irgendwann als Experte hergekommen und wollte nicht mehr weg. Jeder nennt ihn Mister Honda.

»Mister Honda ist schon sehr alt«, sagt Aziza, »und doch ist Nura völlig verrückt nach ihm. Er hat ihr dieses Café gekauft. Aber es geht nicht so gut mit Nura und Honda. Es ist noch jemand im Spiel.«

»Der in Nura verliebt ist?«

»Nein, nein, ein Mädchen, das in Honda verliebt ist! Sie will, daß er ihr auch so ein Café kauft!«

»Und Mister Honda?«

»Das wissen wir nicht. Mister Honda steckt in der Klemme, denn die andere ist noch jünger und hübscher.«

Nagla hat unsere Gläser halb mit Conjagi gefüllt. Nun schenkt sie bis an den Rand Tonic nach. »Da ist sie ja!« zischt sie durch die Zähne und beginnt in Richtung Bar zu winken: »Nura! Nuraaa!« Das Mädchen, das auf uns zukommt, ist so betrunken, daß sie sich kaum auf den Beinen halten kann. Sie lacht unsicher, hält sich an der Lehne meines Stuhls fest und beginnt, unzusammenhängendes Englisch zu stammeln.

»Es tut mir leid«, sagt sie unvermittelt, »ich muß weg. Aber ich bin gleich wieder zurück. Wartet auf mich.«

Sie geht zum Pritschenwagen auf dem Parkplatz. Ein Geschenk von Honda. Der Sand spritzt, als sie wegfährt. Nagla schenkt die Gläser noch einmal voll. Die Männer an der Bar werden immer aufgedrehter. Einer legt seinen Arm um die Frau in dem glitzernden Kleid. Ein trockenes, freudloses Lachen entringt sich ihrer Kehle.

Aziza und Nagla reden schrill auf Suaheli.

»Was gibt's?«

Aziza kneift ihre Augen zusammen. »Demnächst

kommt Naglas Mann zurück.« In ihrer Stimme schwingt Schadenfreude mit.

Nagla seufzt. »Schluß mit dem Ausgehen, jeden Abend ein Gläschen und dann ins Bett! Und morgens um fünf Uhr zum Gebet aufstehen!«

»Ein guter Moslem, ein sehr guter Moslem«, grinst Aziza.

Nagla wirft ihr einen giftigen Blick zu: »Sie hat gut reden, sie benutzt jedesmal die Gelegenheit, um zu flüchten.«

»Was soll ich bei dir, wenn er da ist? Ich will euch nicht stören.«

»Du störst uns nicht! Das weißt du genau!«

»Ich fahre nach Daressalam, ich muß ein paar Dinge erledigen.« Aziza schaut mich an. Liegt Daressalam nicht auf meinem Rückweg? Vielleicht können wir zusammen reisen. Sie starrt auf das weite ruhige Meer hinaus. »Ganz Sansibar tratscht über uns«, sagt sie, »manche denken, daß ich mit Nagla ein Verhältnis habe, andere sagen, daß ich es auf ihren Mann abgesehen habe.«

Nagla wendet sich hilfesuchend an mich. »Ich sage ihr immer: Heirate ihn, gemäß dem Koran darf er vier Frauen haben! Dann können wir zu dritt leben, ohne daß jemand etwas dagegen sagen kann!« Sie meint es offenbar ernst.

Aziza lächelt abwesend. »Laßt uns gehen«, sagt sie, »Nura kommt nicht mehr.« Es ist still auf der Straße, als wir zurückfahren. Wir begegnen einem einzigen Auto, es flitzt vorbei. Es ist der Pritschenwagen von Nura. Für den Bruchteil einer Sekunde sehe ich ihr Gesicht. Sie hat einen verbissenen Zug um den Mund.

Heute abend muß Aziza bei einem Hochzeitsfest auf-treten. Nagla holt mich ab. Als wir angefahren kom-men, hören wir Azizas Stimme schon von weitem. Vor dem Festzelt stehen Menschentrauben, um zu lauschen.

Nagla nimmt mich bei der Hand und schleust mich hinein. Die Männer feiern woanders, die einzigen Männer in diesem Zelt sind die Orchestermusiker. Die Frauen machen für uns sofort in der ersten Reihe Platz. Aziza trägt ein langes Kleid mit Pailletten, die in allen Farben schillern. Sie lächelt uns kurz zu, als sie uns sieht, aber für den Rest des Abends ist ihr Blick weit weg, mit der Menge verschmolzen.

Auf wiederholten Wunsch stimmt sie ein Suaheli-Lied an, das ich die letzten Tage ständig gehört habe. Es ist der aktuelle Hit und handelt von einer Frau, die gerade geheiratet hat und sich an die erste Frau ihres Mannes wendet.

Du kannst ihn einsperren,
aber er wird ein Loch unter der Türe graben,
um zu flüchten, denn er gehört mir ...

Die Frauen klatschen enthusiastisch in die Hände und singen mit. Ein Mädchen löst sich aus der Menge. Sie tanzt mit einem Geldschein auf Aziza zu, wedelt damit anmutig vor ihrem Gesicht und steckt ihn ihr ins Kleid.

Tanzend dreht sich das Mädchen zum Publikum um. Nagla gibt mir einen Stoß in die Seite: »Die Kon-kurrentin von Nura!«

Du kannst ihn einsperren,
aber er wird nach dem Telefon greifen,
um mich anzurufen, denn er gehört mir ...

Das Mädchen wirft einen herausfordernden Blick

in die Runde und hält einen imaginären Telefonhörer ans Ohr. Nagla blickt sich um. »Nura ist auch da!«

Der ganze Saal hält den Atem an, als Nura nach vorne kommt. Sie trägt ein festliches weißes Kleid, sieht aber abgehärmt aus. Auch sie hat einen Geldschein in der Hand. Sie hält ihn hoch in die Luft, so daß ihn das Publikum sehen kann, und klebt ihn auf Azizas schweißnasse Stirn. Als sie sich umdreht, ist ihr Blick nicht triumphierend wie der ihrer Rivalin, sondern unsicher.

»*Maskini, oje, oje …*«, höre ich Nagla neben mir flüstern. Bevor uns bewußt wird, was geschieht, holt Nura mit der Hand nach der Rivalin aus, und die beiden geraten sich in die Haare. Ich sehe Aziza auf die beiden zuschießen. Das Orchester spielt weiter, wird jedoch von dem Gekreisch der Frauen übertönt, die die beiden Kampfhennen zu trennen versuchen. Auch ich bin aufgestanden, aber Nagla hält mich zurück. »Hierbleiben«, sagt sie streng. Sie zieht mich zum Ausgang. Als wir außer Atem im Auto sitzen, kommt Aziza aus dem Menschenknäuel zum Vorschein. Hastig steigt sie ein.

Nagla startet sofort. Bloß weg von hier.

»Was für ein Drama!« sage ich.

Aziza macht eine beschwichtigende Handbewegung. »Es ist schon wieder vorbei. Und es war auch nicht das erste Mal.«

»Wenn ich Nura wäre, wüßte ich mir schon zu helfen«, sagt Nagla, »ich würde Honda noch heute nacht dazu zwingen, sich zu entscheiden: sie oder ich.«

Aziza schaut unverwandt auf die Straße und gibt keine Antwort. Ihre Gedanken scheinen woanders zu sein.

Als ich am nächsten Tag mit Aziza durch die Stadt fahre, fragt sie: »Hast du den *kleinen Mann* schon mal gesehen?«

»Nein, wieso?«

Sie hält vor der Parteizentrale. »Schau nach links, da ist er.«

Mit einer Kopfbewegung deutet sie auf ein bronzenes Standbild, das neben dem Eingang steht. Karume. Er ist mit seinem Stock in der Hand verewigt. »Da drinnen wurde er 1972 ermordet«, sagt sie, »während er mit seinen Freunden Karten spielte.« Nach dem Attentat wurden alle Offiziere arabischer Herkunft festgenommen. »Mein Mann war einer von ihnen.«

Sie startet das Auto wieder. »Zwei Jahre habe ich nach ihm gesucht«, sagt sie mit flacher Stimme, »aber niemand wußte, wo er ist.« Merkwürdige Geschichten machten die Runde. Manche behaupteten, daß die Gefangenen auf die Insel mit den Riesenschildkröten gebracht worden waren, wo sie jeden Morgen die Schilde mit Meerwasser schrubben müßten. Aziza lacht bitter: »Schildkröten schrubben! Stell dir das vor!«

Als der Prozeß im Fernsehen übertragen wurde, saß die ganze Insel gebannt vor den Apparaten. Aziza suchte auf der Anklagebank nach ihrem Mann, aber konnte ihn nicht entdecken. Einer der Beschuldigten leugnete. Warum er denn erst ein Geständnis abgelegt habe, fragte ihn der Richter. »Weil ich nicht totgeprügelt werden wollte wie Latif ...« Mehr hörte Aziza nicht. Sie fiel in Ohnmacht. Es war der Name ihres Mannes.

Sie erzählt davon, als sei es jemand anderem widerfahren. Sie wohnten damals in einem staatseigenen

Haus, nach dem Prozeß mußte sie mit ihren Kindern zurück zu ihrer Mutter. Sie hatte immer singen wollen, aber als verheiratete Frau – zumal als Frau eines Offiziers! – war daran nicht zu denken gewesen. Plötzlich war alles anders. Sie war eine Witwe, die drei Kinder ernähren mußte. Bei einem ihrer Auftritte begegnete sie Nagla. »Die hat mich seither nicht mehr losgelassen.«

Die Sträßchen, die zum Haus ihrer Mutter führen, sind eigentlich zu schmal für ein Auto, wir müssen im Schrittempo fahren. Kinder laufen johlend vor uns her, pressen ihre Gesichter gegen die Fenster. Die Häuser sind ohne jegliche Planung gebaut, die einzige Frage, die die Bauarbeiter stellten, war: wie viele Zimmer? Azizas Mutter wollte fünf.

Auf Azizas Rufen erscheint eine schrumplige Gestalt im Türrahmen. Sie bittet mich hinein. Dann verschwindet sie wieder. Das Zimmer ist fast leer. Ungetünchte Wände, ein paar Stühle und ein verschlissener Sessel. In der Ecke ein großer Eisschrank. Aziza schaffte ihn nach dem Tod von Latif an. Die ganze Nachbarschaft kaufte bei ihr Eis, Bier und Limonade; damit und mit ihren Auftritten verdiente sie genug, um sich durchzuschlagen. Doch seit einigen Monaten ist der Eisschrank kaputt.

Aziza holt einen Sack Reis aus dem Auto und bringt ihn herein. Ihre Mutter sorgt für die Kinder, aber sie bringt jeden Tag Nahrungsmittel. »Ich kann hier nicht mehr wohnen. Kannst du das begreifen?« Dann will sie weg. Sie hat ihre Pflicht erfüllt. Auf dem Rückweg sitze ich still neben ihr, aber bald ist sie wieder vergnügt. In einigen Tagen fliege ich nach Daressalam. Sie wird mich begleiten, sagt sie.

Nagla bringt uns zum Flugplatz. Sie käme gerne mit uns, aber ihr Mann ist gerade zurückgekommen. Sie gibt uns den Schlüssel zu seinem Appartement in Daressalam: Dort werden wir wohnen. Als sie wegfährt, schaut ihr Aziza grübelnd nach: »Nagla, sie ist gut zu mir, aber manchmal ... Wenn ihr Mann nicht heimgekommen wäre, hätte sie mich niemals fortgehen lassen.«

An diesem Abend essen wir auf der Dachterrasse des Kilimandscharo-Hotels, in einem der besseren Restaurants von Daressalam. Es geht lebhaft zu. Ein riesenhafter Tansanier mit mexikanischem Hut und Gitarre singt eine Serenade für eine Gruppe jugoslawischer Diplomaten. Wir bestellen Hummer und lachen über Nura und ihre Nebenbuhlerin.

»Warum hast du dich eigentlich nie wieder verheiratet?«

Aziza lächelt. »Einmal war mehr als genug.« Sie hatte Latif geliebt, erzählt sie, und trauerte noch um ihn, als die Gerüchte zu kursieren begannen: Er hatte sie betrogen. »Alle Männer hier betrügen ihre Frauen«, sagt sie schicksalsergeben, »aber wie er ...«

Die Frauen, die kamen, um es ihr zu erzählen, gaben sich als besorgte Freundinnen aus: Sie dürfe nicht länger an ihn denken, er sei es nicht wert gewesen. Könne sie sich noch an die Nacht erinnern, in der eine Frau an die Tür klopfte, angeblich mit einer dringenden Nachricht der Heeresleitung? Die Frau war eine seiner Geliebten gewesen.

Danach erinnerte sie sich an so viele Vorfälle. Abende, an denen er sie in Schlaf gelullt hatte und danach ausgegangen war. Morgen, an denen er nach Hause kam und behauptete, daß er in der Kaserne übernachtet hatte. Sogar an den zärtlichsten Augenblicken begann sie zu zweifeln.

»Am Anfang war ich nur wütend, weil ich ihn nicht zurückholen und die Wahrheit aus ihm herausschütteln konnte, Rechenschaft fordern für das, was er getan hatte. Doch später ... Später dachte ich: Das nie mehr.«

Einen Augenblick lang hat ihr Gesicht den bekümmerten Ausdruck, den ich sah, als sie das erste Mal über Latif sprach. Aber dann lacht sie schon wieder. Sie besitzt die Zähigkeit, die Menschen in diesem Teil der Welt so oft haben, die grandiose Fähigkeit zu vergessen.

Später am Abend wirft sie ihr Seidenkleid in eine Ecke und hüllt sich in einen *Kanga*. Mit kleinen Schritten trippelt sie durch die Wohnung. »Man könnte dich fast für eine Chinesin halten«, sage ich.

Sie lacht. »Weißt du, wie Latif mich nannte? *China made*.«

Wir schlafen im Bett von Nagla und ihrem Mann, lachen über die albernen eingebauten Lämpchen und beschließen, sie anzulassen. Im fahlgelben Lichtschein liegen wir da und unterhalten uns. Dann läutet das Telefon. Das schrille Geklingel geht durch Mark und Bein. Wir richten uns beide gleichzeitig auf. Im Halbdunkel suche ich nach dem Hörer, doch Azizas Hand hält mich zurück. »Laß nur. Es ist Nagla.«

1988

Weihnachten im Busch

DIE STRASSEN waren voller Schlaglöcher, so daß ich immer wieder aus dem Halbschlaf hochschreckte, weil mein Kopf unsanft gegen das Fenster stieß. Dann und wann zerriß ein schauerlicher Schrei eines Tieres aus dem Waldesinnern die Stille. Wir kamen durch ein Hüttendorf, dessen Dächer so gelb waren, daß es aussah, als ob sie in Flammen stünden. Mitten auf dem Dorfplatz lag eine gefällte Palme.

»Bäume umhauen, das tun sie immer vor Weihnachten«, sagte der Chauffeur zu meinem polnischen Reisegefährten Marek, der vorne saß. »So ein Baum liefert locker drei Wochen lang Wein.« In der Zeit der Belgier war das streng verboten, doch seit die abgezogen waren, hatten die Dörfler die alte Gepflogenheit wieder zu Ehren gebracht.

An der Küste hatte ich Palmweinzapfer abends in die Bäume klettern sehen, gelenkige junge Männer, deren Silhouetten sich gegen das Mondlicht abhoben wie Scherenschnitte, wie Puppen aus Karton im Licht einer Laterna magica. Sie machten einen Schnitt in den Baum und hängten darunter einen Kürbis, der die milchige Flüssigkeit auffing. Vor Sonnenaufgang kamen sie zurück, um die Kürbisse zu holen. Es gab welche, die das Gefäß mit dem kühlen, süßen Wein sofort an die Lippen setzten und darauf betrunken herunterstürzten. Die Tetela gingen kein so großes Risiko ein, sie hauten die Bäume einfach um.

Unbeweglich und mit glasigem Blick saßen sie im Schatten ihrer Hütten. Kinder liefen kreischend auf uns zu und hielten uns einen Armvoll Bananen und geräuchertes Affenfleisch entgegen. Der Chauffeur fuhr in voller Fahrt vorbei und verfehlte um Haaresbreite eine Hühnerschar, die die Straße überquerte. Federn stoben auf, Frauen brachten sich erschrocken in Sicherheit.

Bronek lachte jedesmal, wenn er über die Tetela sprach. »*Ah, ils sont si paresseux!* Sie sind so arbeitsscheu.« Obstgärten wollten sie nicht anlegen, das sei zu viel Mühe, fanden sie. Als er das seinen Freunden in Polen erzählte, schauten sie ihn ungläubig an. »Du mußt sie verprügeln«, rieten sie ihm. Doch Bronek hatte längst gelernt, daß er die Menschen im Urwald mit Logik nie begreifen würde.

Ich hatte ihn auf dem Schiff kennengelernt, das uns nach Afrika brachte. Er war ein Dorfjunge aus den polnischen Karpaten und kam gerade von einem Besuch bei seiner Mutter zurück, dem ersten, seit er drei Jahre zuvor weggegangen war. Einst hatte er davon geträumt, Seemann zu werden, doch seine Mutter hatte sich widersetzt, sie wollte nicht, daß er fortging. Wenig später beschloß er, Priester zu werden. Papst Woityla, damals noch Erzbischof von Krakau, hatte ihn geweiht. Seine Mutter war stolz gewesen – bis er ihr erzählte, daß er in die Mission gehen wolle.

Sie hatten ihn in ein Flugzeug nach Zaire gesetzt. Eine zweimotorige Propellermaschine hatte ihn zweitausend Kilometer ins Landesinnere geflogen, wo ein Jeep auf ihn wartete. In der unermeßlichen Ferne vor ihm lag Kokolo, die Missionsstation, wo er die folgenden Jahre verbringen würde. Er hatte Angst gehabt.

»Irgendwann komme ich dich dort mal besuchen«, hatte ich gesagt. Er hatte gelacht, ein gewinnendes Lachen, das seine meergrünen Augen funkeln ließ. Aber auch ungläubig, wie immer, wenn Menschen außerhalb des Urwalds ihm etwas versprachen. In den vergangenen Jahren hatte sich seine Welt um ihre Achse gedreht: Nun betrachtete er die Dinge von seiner Missionsstation aus, und sie erfüllten ihn mit dem gleichen Argwohn, den er spürte, als er damals auf dem Weg nach Kokolo gewesen war.

Seit unserer Begegnung hatte ich oft an ihn gedacht. Ich hatte mich auf die Suche nach jener fernen Vergangenheit gemacht, die weiße Kolonialsoldaten und Patres in diese Länder geführt hatte. Und da erschien unvermutet Bronek: ein junger Pole mit blondem Haar, melancholischen Augen und Wangen, die leicht erröteten. Als ob die Vergangenheit immer noch bestünde. Welcher Vision jagte er nach und warum? Was war da im tiefsten Inneren des Kontinents, das seinen Blick nach innen gewandt hatte?

Mit Hingabe hatte er sich in die Besäufnisse an Bord der Fabiolaville gestürzt. Die Passagiere hatten ihn bemitleidet: Warum hatte sich ein so lebenslustiger Mann im Urwald begraben? Nach jeder Eskapade zelebrierte er allein in seiner Kajüte die Messe. Einmal an Land war er in aller Eile und außer Fassung aufgebrochen, als ob ihm der Teufel auf den Fersen wäre. Und nun war ich ihm nachgereist. Ich wußte nicht, ob unsere Ankunft tatsächlich eine angenehme Überraschung für ihn sein würde.

Ein Hund bellte in die Nacht hinein, als wir in Ko-

kolo ankamen. Die Scheinwerfer des Jeeps beschienen die eisernen Pfeiler eines Gatters, hinter dem eine
schmale Gestalt mit weißer Schürze auftauchte.
Schwester Clementine. Bronek hatte mir bereits von
ihr erzählt, sie versorgte die Leprakranken im Krankenhaus von Kokolo.

Sie hatte auf einem Stuhl neben der Tür auf unsere
Ankunft gewartet. Nun wies sie in die Dunkelheit:
Dort lag die Mission, wo Marek und der Chauffeur
schlafen würden. Ich blieb bei den Schwestern. Sie
ging voraus zum Gästezimmer. Ein Bett, ein Tisch,
eine Öllampe. »Bei den Patres, tja ...«, sie lachte verlegen, »nun ja, hier ist es in jedem Fall sauber.«

An der Wäscheleine hingen vier große Unterhosen,
vier Unterröcke und vier Nachthemden zum Trocknen. Und eine Reihe Plastiktüten, denn die waren hier
so rar, daß die Schwestern sie immer wieder benutz-
ten. So wie sie auch die Margarinebecher aus Plastik
spülten, als ob es Tassen wären. Die Wäscheleine war
in metallisch grelles Licht getaucht, das für Kokolo offenbar typisch war – es änderte sich während unseres
ganzen Aufenthalts nicht.

Drinnen standen auf einem geblümten Plastiktisch-
tuch eine Thermoskanne mit dünnem Kaffee und
eine Schale mit Weißbrot und Salami. Die Schwestern
waren bereits ins Krankenhaus gegangen. Es klopfte.
Bronek. Damals beim Abschied hatten wir uns um-
armt, nun drückte er meine Hand. Er war mager geworden und sah müde aus. Seine Wangen glühten:
Daß ich wirklich gekommen war! Seit er vor drei Monaten zurückgekehrt war, hatte er keinen Besuch gehabt, keine Nachricht von zu Hause, nichts. Während

einer Reise durch den Urwald war er eines Morgens aus einem tiefen Traum erwacht. Sein Katechist, der auf der Pritsche neben ihm lag, schaute ihn verwundert an, als er zu reden begann: Er sprach polnisch!

Als Marek mit stierem Blick hereinkam, begriff ich, warum Bronek so ermüdet aussah: Die beiden hatten die Nacht durchgezecht. Marek hatte Bronek im Schlafanzug im Wohnzimmer angetroffen. Der hatte gehört, daß er Besuch bekommen würde, aber wußte nicht, von wem. Er hatte seinen Ohren nicht getraut, als Marek ihn auf polnisch begrüßte. Den Whisky, den Marek auf den Tisch stellte, hatte er sofort zur Seite geschoben: Er hatte etwas Besseres! Er war in seinem Zimmer verschwunden und mit einer Flasche billigem polnischen Wodka zurückgekommen. Marek klagte über Kopfschmerzen, doch Bronek erzählte mir nichts über ihr nächtliches Trinkgelage.

Übermorgen sei Weihnachten, und er werde in den Busch gehen, um die Nachtmesse zu halten. Zögernd schaute er uns an: »Wollt ihr mitkommen?«

»Natürlich, deshalb sind wir doch gekommen.«

Vor der Missionsstation lag eine befestigte Sandbahn, die ein Stück weiter abrupt aufhörte. Es sei eine Landebahn, erzählte Bronek, für das kleine Flugzeug, das manchmal aus der Hauptstadt kam, um die Mission mit Vorräten zu versorgen, oder im Krankheitsfall einen Pater oder eine Schwester zu evakuieren. Die Piste war vor Jahren angelegt worden, und obwohl das Flugzeug nur alle heiligen Zeiten kam, wurde sie unterhalten, als ob es sich um einen Golfplatz handle. Das aufrückende Savannengras mußte ständig gejätet werden.

An der anderen Seite der Avenue des Soeurs lag eine Ansammlung schäbiger Hütten. Überall, sogar in den Bäumen, hing gebrauchte Kleidung. »Die verkaufen sie«, sagte Bronek, »jeder versucht sich zu Weihnachten so fein wie möglich zu machen.« Ein Kind saß auf dem Gerippe eines Motorrads, das fest im Sand verankert war, und trat wie besessen auf die Pedale. »Meine alte Maschine«, erklärte Bronek, »das einzige Spielzeug in Kokolo. Sie balgen sich darum, wer darauf sitzen darf.«

Bei der Mission der Patres hatten sich Scharen von Menschen versammelt. Manche hatten nur eine Hand, andere nur ein Bein. Ein Mann ohne Beine bewegte sich auf einem Brett mit Rädern fort. Sie lachten und wandten sich Bronek zu, während sie auf Marek deuteten. Das Gerücht ging um, daß er Broneks Bruder sei.

Auf der Terrasse stand ein alter Pater mit einem dünnen Bart. Père Gerard. Neben ihm drei kleine schwarze Jungen, die Weihnachtsgeschenke austeilten. Eine Jammergestalt nach der anderen rückte nach und hielt ihren Schilfkorb hoch. Ein Junge schaufelte mit einer leeren Malariatablettenbüchse Reis aus einem großen Jutesack, der zweite gab ihnen eine Portion Salz, der dritte ein Kleidungsstück. Die Männer bekamen eine graue Hose, die Frauen ein bordeauxrotes Stück Stoff. Einige hatten Helfer mitgebracht, weil sie keine Hände hatten, um die Geschenke in Empfang zu nehmen. Peter Gerard steckte allen einen Geldschein zu. »Für Palmwein«, flüsterte Bronek.

Früher war das Krankenhaus das größte im Umkreis gewesen, doch die Regierung hatte es herunterkommen lassen, weil es in der Heimat Lumumbas lag, des Helden der Unabhängigkeit, der später ermordet wurde. Nach seinem Tod war hier alles verfallen. Die Elektrizität des Spitals wurde durch Sonnenenergie erzeugt, doch die einheimischen Krankenpfleger ließen die Kranken für den Strom bezahlen. Die Schwestern wußten es, doch die Kranken hätten niemals gewagt, es zuzugeben, weil sie Angst hatten, daß die Pfleger dann nicht mehr für sie sorgen würden.

In der Mission, in der Bronek mit Pater Gerard wohnte, herrschte eine Junggesellenwirtschaft. Auf dem hölzernen Eßtisch stand ein Topf mit Marmelade, um den ein Schwarm Fliegen kreiste. Neben dem vorsintflutlichen Radio ein Bücherbrett: *Der gesammelte flämische Humor* und *Comment j'élève mon chien*. Der Hund, den sie anhand dieses Buches erzogen hatten, war so tückisch geworden, daß er das ganze Jahr in einem Verschlag eingesperrt war. Er bellte nur, wenn Schwarze in der Nähe waren – Weiße betrachtete er als seinesgleichen. An der Wand hingen Fotos des Papstes und seiner Kardinäle. Jeder glaubte, daß Bronek der Bruder des Papstes sei, weil er auch aus Polen kam.

Marek schlief in einem Lagerraum zwischen Stapeln von Kartons mit gebrauchter Kleidung, Medikamenten und Klistieren aus der Tschechoslowakei. Als wir in Broneks Arbeitszimmer kamen, hörten wir eine krächzende Stimme. Es war der Papagei auf der Terrasse, der ihm guten Morgen wünschte. Bronek ging lächelnd zu ihm hin. »Ming Bud is dreckisch«, krächzte der Papagei.

»Der redet Flämisch, aber früher hatte ich einen, der Polnisch konnte«, sagte Bronek. Dieser Papagei hatte ihm über die schwierigen Anfangsjahre hinweggeholfen. Pater Gerard und die Schwestern redeten miteinander Flämisch, und die Sprache der Tetela beherrschte er damals noch nicht. Er hatte lediglich seinen Papagei, und daß der so weit weg von zu Hause polnische Worte hervorstieß, hatte ihn auf seltsame Weise getröstet.

Er hatte ihn, als er auf Urlaub ging, als Geschenk für seine Mutter mitgenommen. Die Zollbeamten auf dem Flugplatz in Zaventem hielten ihn an: Wo waren die Papiere für den Vogel? Sie hatten ihn beschlagnahmt. Im Kloster in Brüssel hatte er noch ein paar Tage gewartet, dickköpfig genug, um zu glauben, daß er ihn zurückbekommen würde, aber schließlich war er mit leeren Händen weiter gereist. Der Papagei, hörte er später, war in den Zoo in Antwerpen gebracht worden.

»Und nun versuche ich, diesem Polnisch beizubringen«, sagte Bronek. Aber der Papagei hatte viele flämische Faxen drauf, die ihm nur mühsam abzugewöhnen waren. Eines Mittags hörte ich ihn in seinem Käfig singen: »Kiek ens, wie de Buremeescher de Röck schwinge, von hinge un von vüre...« Bei dem letzten Wort hörte er auf. Mehr hatte ihn Pater Gerard nicht gelehrt. Oder machte sich der Einfluß von Broneks Polnischunterricht doch bereits bemerkbar?

Kurz darauf hörte ich in der Nähe von Broneks Arbeitszimmer einen alten Mann hüsteln. Ich schaute mich um. Pater Gerard war gerade ins Dorf gegangen, war er schon so früh wieder zurück? Da war es wieder. *Hem, hem.* Ein kurzes, trockenes Hüsteln. Es war der Papagei! Einmal, erzählte mir Bronek später, war ein alter Pater mit Lungenentzündung aus dem

Urwald gekommen. Wochenlang hatte er hustend im Bett gelegen, bis ihn das Flugzeug aus der Hauptstadt abholte. Doch der Papagei hüstelte weiter.

In der Mission der Schwestern war eben ein Weihnachtspaket aus Belgien angekommen, so daß wir an diesem Abend Genever tranken und allerlei Plätzchen dazu aßen. Die Schokoladeplätzchen waren durch die Hitze aus der Form geraten, aber niemand verlor darüber ein Wort. Schwester Germaine strickte ein gelbes Jäckchen für das Kind einer Aussätzigen. Bronek verfiel schon bald in ein langes Schweigen, wie ich es bereits von ihm kannte. Er verabscheute diese Art von Zusammenkünften, er wollte in diesen Tagen lieber unter Schwarzen sein.

Auf dem Dorfplatz in der Ferne brannte ein Feuer. Männer liefen mit Töpfen Palmwein hin und her, die sie unter den umgehauenen Bäumen hervorgeholt hatten. Das Tamtam trommelte: Es war der Dorfälteste von Kokolo, der die Urwaldbewohner benachrichtigte, daß Bronek am nächsten Tag mit zwei Weißen kommen werde und sie Betten herrichten müßten.

Pater Gerard hatte die Nachtmesse in Kokolo bereits vor Jahren abgeschafft, weil die Dorfbewohner zu dieser Zeit in der Regel so betrunken waren, daß sie während der Messe grunzend in Schlaf fielen oder zu raufen anfingen. Seither zog sich Pater Gerard nach der Abendmesse zurück, und auch die Mission der Schwestern lag in der Christnacht in tiefer Ruhe.

Bronek hatte sich das erste Jahr todunglücklich gefühlt. In Polen ging seine Familie gleich zur Mette, und er lag in seiner Mission im Bett! Er schämte sich so, daß er sich nicht traute, ihnen davon zu schreiben.

Im zweiten Jahr hatte er beschlossen, Weihnachten im Urwald zu feiern. Dort hoffte er etwas von der Bedeutung wiederzufinden, die das Fest in Polen für ihn gehabt hatte.

Das Tauziehen um das Dorf, in dem in diesem Jahr die Nachtmesse gehalten werden sollte, war bereits seit Wochen zugange, denn die Dörfler betrachteten den Besuch eines Paters in der Christnacht als eine Gnade, die ein ganzes Jahr lang Früchte abzuwerfen versprach. Papa Simon, ein respektabler alter Kaffeepflanzer, der am Fluß wohnte und früher Koch in der Mission gewesen war, hatte seinen Sohn geschickt, um auszurichten, daß Broneks Zimmer bereits hergerichtet sei. Aber Bronek hatte sich nicht beschwatzen lassen. Seine Wahl war auf ein kleines Dorf gefallen, das durch den Regen in den letzten Wochen völlig von der Außenwelt abgeschlossen gewesen war. Sieben Kilometer Fußmarsch, quer durch den Urwald.

Gegen neun Uhr stand Bronek auf. »Ich gehe schlafen. Morgen müssen wir früh aufstehen.« Marek folgte ihm. Drinnen waren sie so still gewesen, aber als sie durch die Dunkelheit weggingen, hörte ich sie wieder angeregt miteinander reden.

Wir gingen durch das hohe Savannengras. Der Katechist der Mission schritt uns mit einem abgenutzten kleinen Koffer voraus, in dem sich ein zusammenlegbares Ziborium, Hostien und andere Attribute für die Messe befanden. Sehr zufrieden war er nicht. Er erledigte solche Exkursionen lieber im Jeep.

Bronek sah mit seinem großen Sonnenhut und dem Rucksack wie ein Afrika-Urlauber aus. Viel hatten er und Marek nicht geschlafen. In dieser Nacht hatte die

Flasche Whisky dran glauben müssen. Nun blieb er stehen und blickte sich um. »Das ist bereits seit Millionen Jahren so«, sagte er, »das Gras wächst, das ist alles.« Er gab des öfteren solche gewichtigen Aussprüche von sich. Es lag ein Geheimnis in dieser Landschaft und in diesen Menschen, das er nicht ergründen konnte und das ihn mit tiefem Respekt erfüllte. Und dennoch war er hierhergekommen, um gerade das zu ändern. Er wollte, daß sie Gemüse anbauten, daß sie sich gegen die Hitze wehrten, die sie matt im Schatten ihrer Hütten hinsinken und auf die Abendkühle warten ließ.

Einmal war Bronek mit seinem Motorrad über den schmalen Pfad durch den Urwald zum Dorf gefahren. Unterwegs hatte er eine Panne gehabt. Die Dorfbewohner dachten, er sei von einem Löwen zerrissen worden, der zu dieser Zeit in der Gegend sein Unwesen trieb. In der Nacht stolperte er völlig ausgetrocknet ins Dorf. Er bat jemanden, fünf Liter Wasser zu kochen, und trank sie zu seiner eigenen Verblüffung auf der Stelle aus. Er hatte nicht gewußt, daß ein Mensch so viel trinken kann.

Im Urwald war es kühler. Das schwere Blätterwerk dampfte, und unsere Füße versanken im Schlamm. Der Katechist verstand es, um die Löcher behende einen Bogen zu machen, er schien über dem Boden zu schweben und kurz darauf war er außer Sichtweite geraten.

Als mein Bein zum ersten Mal bis zum Knie in dem braunen Matsch versank, schrie ich auf. Bronek, der sich am Laub beiderseits des Pfads festklammerte, wandte sich um. »Geht's?« Ich zog mein Bein aus dem Schlamm. Es machte ein saugendes Geräusch.

Vor mir sah ich Bronek bis zur Taille im Morast versinken. Marek, der dem Katechisten auf dem Fuß folgte, schaute sich um und lachte. Tölpel.

Zu fortgeschrittener Stunde hörten wir das Plätschern des Flusses. »Jetzt ist es nicht mehr weit«, wußte Bronek. Wir hatten die letzten Stunden wenig gesprochen. Meine Hose war zerrissen, und bis weit über die Knie waren wir mit Schlamm bedeckt. Im Wasser des Flusses würden wir uns waschen können, bevor wir im Dorf eintrafen.

»I-i-i-i-i!!!« Schrille Schreie hallten über das Wasser wider, als wir aus dem Urwald traten. Das Sonnenlicht war so grell, daß ich meine Augen zukniff. Eine Gruppe Kinder stand nackt auf einem Baumstamm, der quer über dem Wasser lag. Sie lachten unbändig, doch als sie in dem Mann mit dem Sonnenhut und der grauenhaft schmutzigen Hose den Pater erkannten, wurden sie verlegen. Verschämt versuchten sie ihre Nacktheit zu verbergen. Gleichzeitig wollten sie Bronek begrüßen, so daß sich eine Hand zögernd hob, während sie mit der anderen versuchten, ihren Pimmel zu bedecken. So standen sie da, vier braune Knirpse, die auf einem knorrigen Baumstamm balancierten. Einer von ihnen fiel ins Wasser, die anderen sprangen ihm lachend nach.

Wir wuschen den Schlamm von unseren Beinen. An der anderen Flußseite war der Weg besser, die Dörfler hielten ihn instand, weil sie oft zum Wasser gingen, um Wäsche zu waschen. Einer der Jungen hatte seine Beine unter den Arm genommen, um unsere Ankunft anzukündigen, die anderen, richtige Kindsköpfe, hüpften uns tanzend und singend voraus.

Am Ende des Pfades erwartete uns der Dorfvorsteher. Hinter ihm ein friedliches kleines Dorf mit einem gefegten Platz, auf dem drei Palmen lagen. In der Mitte des Platzes stand eine Hütte, in der die Palaver gehalten wurden. Der Dorfvorsteher führte uns dorthin. Er war erst dreiundzwanzig. Sein Vater war im vergangenen Jahr gestorben, und er war eilends aus der Hauptstadt, wo er studierte, zurückgekommen. »Er hat bereits drei Frauen«, sagte Bronek, aber was soll ich machen? *On ne peut pas être trop strict ici*, hier darf man nicht so streng sein.«

In der Hütte schwirrte es nur so von Schmeißfliegen. Frauen kamen, um Bronek zu begrüßen, Kinder strömten herbei. Die Wände der Hütte waren mit Fotos aus Illustrierten behängt, die der Dorfchef offenbar aus der Hauptstadt mitgebracht hatte. Reklamefotos. *Mit Belga bist du nie allein. Mit Grundig auf dem laufenden.* Ein Foto von Audrey Hepburn, eine Ansichtskarte vom Pariser Arc de Triomphe, wahrscheinlich von einem Dorfgenossen, der dort studierte. Drum herum stand in kindlicher Schrift ein buntes Gewimmel von Sprüchen. *Rien n'est plus grave que la coutume. La meilleure façon d'oublier le passé, est de rendre le présent meilleur. Es gibt nichts Gewichtigeres als die Gewohnheit. Die beste Manier, die Vergangenheit zu vergessen, ist, die Gegenwart besser zu machen.*

Der Dorfvorsteher schaute uns triumphierend an und fragte mich, ob ich nicht ein Foto von mir dalassen könne, um seine Kollektion zu vervollständigen. »Tu's nicht«, flüsterte Bronek, »sie können dich hier mit Fotos behexen.«

Der Chef verschwand und kam mit einer Karaffe Palmwein und einer kleinen Pfanne zurück, die er geheimnisvoll auf den Tisch stellte. Er hob den Deckel und lächelte. Dicke gelbe Würmer wanden sich im zischenden Fett, Kopf und Schwanz waren gut zu unterscheiden. Auch das war eine Weihnachtsspezialität: Die Schnecken kamen aus den umgehauenen Palmen. »Koste mal, es ist süß«, sagte Bronek. Ich rümpfte die Nase, doch Marek aß brüderlich mit, als ob er nie etwas anderes gegessen hätte.

Es gab im Dorf Protestanten und Katholiken. Tage vor Broneks Ankunft waren sie einander in den Haaren gelegen: Bei wem sollte er schlafen? Der katholische Leiter der Grundschule, auf den die Wahl gefallen war, kam uns in untertäniger Haltung begrüßen. Er war der einzige Mann im Dorf, der monogam war. Bereits vierzig Jahre lebte er mit derselben Frau. Bronek hätte ihn am liebsten mit einem Diplom belohnt, vom Papst unterzeichnet.

Am Rand des Dorfes lag seine Schule: drei Schilfhütten mit Bänken aus der Zeit der Belgier. Auf die Lehmwände hatten die Lehrer einen Elefanten, eine Schlange und eine Schildkröte gemalt, und auf der Tafel stand ein langer Satz in der Sprache der Tetela. Mehr als ein Satz hatte nicht Platz.

Auch über den Ort, wo die Nachtmesse gehalten werden sollte, hatten sich die Dorfbewohner gestritten. Bronek lief gequält herum: »*Ah, c'est terrible, c'est compliqué!*« Schließlich hatten sie eine Hütte leer geräumt, die als Kapelle dienen sollte. Am Vordach baumelte eine Glocke.

Der Lehrer brachte uns noch mehr Palmwein und eine Flasche mit einem durchsichtigen Getränk, das er *cinq cents*, Fünfhundert, nannte. Maisschnaps. Bronek und Marek kannten es nur allzu gut, es war wie

der *Bimber*, der in Polen aus Kartoffeln oder Zucker-
rüben gebrannt wird.

Draußen hatte der Katechist im Handumdrehen
einen Handel mit der gebrauchten Kleidung organisiert, die er von Pater Gerard gekauft hatte und hier
mit bescheidenem Gewinn weiterverkaufte. Bronek
öffnete seinen Rucksack und nahm eine Plastiktüte
mit Medikamenten heraus. Als der letzte weiße Arzt
aus Kokolo weggegangen war, hatte ihn Bronek nach
den Symptomen der häufigsten Krankheiten gefragt
und sich seither in der Gegend zu einem Spezialisten
entwickelt.

Vor unserer Hütte bildete sich schon bald eine
Schlange. Bronek verband die Fußwunde eines alten
Mannes, inspizierte das infizierte Auge eines Babys,
legte seine Hand auf den Kopf einer Frau und gab ihr
zwei Aspirin.

Aus dem Urwald erklang ein Schrei. Ein kleiner
Junge kam außer Atem angelaufen, er schrie und
fuchtelte mit den Armen. Die Männer des Dorfes, die
vom Palmwein umnebelt auf dem Platz saßen, schossen in die Höhe, holten aus ihren Hütten blinkende
Buschmesser und gingen in den Wald. Die Reihe der
Kranken löste sich spontan auf.

In einer Prozession kamen die Männer kurz darauf
zurück. Die ersten trugen eine Schlange mit aufge-
schlitztem Bauch, die sicher drei Meter lang war. Dahinter gingen zwei Jungen mit dem Kadaver einer
Antilope. Ihr Kopf war völlig zersetzt. Sie hatten die
Schlange am Wegrand vorgefunden, wo sie damit beschäftigt war, die Antilope zu verschlingen. Sie hatte
sich nicht verteidigen können, als ihre Angreifer auf
sie einschlugen.

An diesem Abend aßen wir Schlange mit Antilope. Während des Essens fingen die Tamtams um das Holzfeuer zu trommeln an. Vier Stühle standen bereit. Bronek und Marek an der einen Seite, ich an der anderen, der Dorfvorsteher zwischen uns.

Zuerst tanzten die Dorfältesten. Der Mond beschien ihre geschmeidigen Leiber, in die Hände klatschend liefen sie hintereinander her. Ein Kind zog an meinem Kleid. Als ich es auf den Schoß nahm, griff es automatisch nach meiner Brust, wie es Kinder hier immer bei ihren Müttern tun.

Nun begannen die Frauen zu tanzen. Der Dorfvorsteher steckte ihnen Geld zu. »Wir müssen dasselbe tun«, sagte Bronek. Mit dem Geld rannten sie zu dem Palmweinverkäufer. Der Katechist, der dank des Verkaufs der gebrauchten Kleidung ein betuchter Mann war, hatte eine Flasche *cinq cents* in Reichweite. Mit brütendem Blick stierte er ins Feuer. Neben mir fiel jemand zu Boden.

Dann zog eine Frau Bronek von seinem Stuhl hoch. An Bord der Fabiolaville hatte er mir über die Nächte erzählt, in denen ihn Frauen mit entblößten Brüsten in den Wirbel ihres Tanzes hineinzogen. Inzwischen trugen die Frauen Kleider – so viel hatten seine Besuche immerhin gefruchtet.

Verstohlen blickte Bronek in meine Richtung. Seine Augen funkelten. Er tanzte so wie früher auf den Bauernfesten in seinem Bergdorf, hölzern und auf der Hut. Der Dorfvorsteher stand auf und zog Marek und mich mit. Die Frauen jauchzten und klatschten in die Hände, schoben uns in Broneks Richtung. Jetzt lachte er. *»Ah, c'est la vie!«*

Es war fast Mitternacht, als die Tamtams verstummten. Bronek saß wieder auf seinem Stuhl und rief einen der Musikanten, einen alten Mann mit hagerer Figur. Er hatte einen Triangel in der Hand, auf den er mit einem Stöckchen schlug. Es wurde still um uns herum, die Menschen starrten vor sich hin und summten leise. Bronek verschwand im Haus des Lehrers, um sich umzuziehen.

Der Katechist schwankte auf die Kapelle zu und begann, die Glocke zu läuten. Er hatte ein weißes Hütchen aufgesetzt. *Delhaize* stand darauf. In einem langen weißen Gewand kam Bronek heraus. Zur Rechten und zur Linken ging ein Knabe mit einer Kerze. Die Menge am Holzfeuer flüsterte und schloß sich ihm an.

Er stand nun am Altar, einem Tisch mit einem bestickten Tuch. Seine Stimme durchschnitt das Dunkel, höher als gewöhnlich und feierlicher. Die Tamtams fielen ein, und der Katechist begann in die Hände zu klatschen und zu singen. Bald darauf erklang ein Lied durch die Nacht.

Im Licht der Öllampe versuchte Bronek, den Text, den er mitgebracht hatte, zu entziffern. Seine Worte kamen stockend, immer mehr glich seine Stimme der des Papstes. Sobald der Katechist eine Chance witterte, unterbrach er Broneks Ausführungen mit einem neuen schwungvollen Hymnus. Immer kürzer wurden die Momente, in denen Bronek sprach, immer länger die Lieder, die durch die Nacht schallten.

Bronek wurde ungeduldig. Er wollte seine Predigt abschließen. Doch die Dörfler schienen sich in einer anderen Welt zu befinden. Sie klatschten in die Hände und wiegten sich in den Hüften, ihre Gesichter zum Katechisten gewandt, der wie ein Besessener herumtobte. Seine Augen blitzten so, wie ich es bei den Tänzern in den Bars der Hauptstadt beobachtet hatte.

Der Himmel war hell und mit Sternen übersät, der Mond beschien die ockergelben Hütten, die nun alle geschlossen waren, bis auf die des Schulleiters. Hier und da hing eine Ananas an einem Strick, und auf dem Dorfplatz waren in einem großen Kreis Bohnen zum Trocknen ausgelegt. Das Holzfeuer schwelte noch. Davor saßen zwei Gestalten. Bronek hatte sein Gewand ausgezogen und trug wieder ein Batikhemd und Jeans. Er starrte in das Feuer.

»Wir trinken noch einen«, hatte er zu Marek gesagt. So hatte es angefangen. Erst flüsterten sie, doch dann hörte ich sie summen. Ein polnisches Lied. Hörte ich nicht den Namen von Napoleon Bonaparte? Es klang so, als ob sie jemanden zum Marschieren aufforderten. Immer übermütiger klangen ihre Stimmen in der Stille der Nacht. Ich stieg aus dem Bett und lief zur Tür. Kerzengerade standen sie nebeneinander, die Hälse hochgereckt, und heulten den Mond an: »*Marsz, marsz, Dabrowski!*«

1988

Ah, c'est l'Afrique

GÄBE ES DA nicht eine asphaltierte Straße, wäre Oussouye ein vergessenes senegalesisches Dorf. Lehmhütten, eine Missionsstation, ein Gefängnis, über dem die Luft in der Mittagshitze flimmert. Kein Windhauch, um die Mücken zu vertreiben. Eine in sich geschlossene Welt, in die die Asphaltstraße einen Sprung machte. Durch diesen Sprung scheint der Abglanz der Außenwelt herein.

Die alten Männer des Diola-Stammes, die auf dem Boden vor ihren Hütten hocken, sind nicht verwundert, als ich aus dem Buschtaxi steige. Fremde stranden wohl öfters in Oussouye. Hinter dem Marktplatz liegt ein einfaches kleines Hotel. Die Zimmer haben weder Türen noch Fenster, ein feinmaschiges Moskitonetz ist der einzige Schirm gegen die Nacht.

Wehklagen hat mich tagelang verfolgt. Früher, sagen die Diola, regnete es um diese Zeit in der Casamance, und die Reisfelder standen unter Wasser. Nun ächzt die Erde unter der Dürre. Die Felder sind bestellt, die Werkzeuge geschärft. Alles wartet. »Aber bald wird es regnen«, sagt der Hotelbesitzer und fragt, ob ich die Ochsen auf dem Marktplatz gesehen habe. »Sechs Ochsen müssen wir haben. Dann wird es regnen. Sechs schwarze Ochsen.«

Die Männer sitzen immer noch da, als ich gegen Abend vorbeikomme. Sie wärmen sich am Licht der Straßenbeleuchtung und schauen den Autos nach, die auf der Asphaltstraße wie durch einen beleuchteten Tunnel zum Atlantischen Ozean fahren. Im Restaurant du Sud, einem kahlen Raum mit Holztischen und einem Coca-Cola-Kalender an der Wand, serviert ein schweigsamer Junge Reis mit Fisch.

Ich mache mich auf die Suche nach dem Haus von Felicien. Er ist Lehrer, hat früher mit Weißen gearbeitet, sein Name steht in meinem Notizbuch. Mehr nicht, das ist in einem vergessenen Ort wie Oussouye ausreichend. »Felicien?« Im Schein meiner Taschenlampe taucht ein Mann mittleren Alters in Shorts und T-Shirt auf. Die Hitze hat ihn nach draußen getrieben. In der Türöffnung wacht seine Frau über die Kinder, die drinnen auf Schilfmatten schlafen.

»Hast du die schwarzen Ochsen gesehen?« fragt er und lacht dabei, zu laut für die Stille um uns. In der Ferne, wo das Dunkel noch tiefer ist, ist das Trommeln von Tamtams zu hören. So ist es jeden Abend, seit Toje ... »Menschen kommen von nah und fern, um auf ihren Rat zu hören«, seufzt Felicien, »jeder Ortsteil muß einen Ochsen schlachten, sagt sie, dann wird es regnen.« Fünf Ochsen haben die Dorfbewohner inzwischen gekauft. Die Suche nach dem sechsten treibt sie zur Verzweiflung; es gibt nicht so viel schwarze Ochsen in der Gegend, und binnen zwei Tagen muß das Opferfest abgehalten werden.

Ich dürfe Felicien alles fragen, wurde mir gesagt, er werde mein Führer sein. Aber nun bin ich befangen. Im Busch am Rand von Oussouye lebt ein Diola-König, den ich gerne kennenlernen würde. Kann er mir dabei helfen? Und Toje, ist das die Frau, die behauptet, daß sie die neue Königin sei? Dann will ich auch mit ihr sprechen. Felicien wehrt meine letzte Frage mit den Händen ab. »Der König hat einen Hofstaat, der vermitteln kann, wenn du ihn kennenlernen willst. Aber Toje, nein, nein, sie will keine Weißen sehen!« Dann schweigt er, und in der Stille schwillt das Getrommel erneut an. »*Ah, c'est l'Afrique*«, sagt er nun sanfter, »*l'Afrique des tamtams, l'Afrique des fétiches, l'Afrique des mystères.*« Ich bin froh, daß das Dunkel unsere Gesichter und meine Beschämung verbirgt.

Am Morgen sprenkeln Sonnenstrahlen den Boden unter den Mangobäumen, und in diesem Spiel von Licht und Schatten ziehen farbenprächtige Gestalten zur Asphaltstraße. Frauen mit Krügen auf dem Kopf, Kinder, die einfallsreiche Konstruktionen über den buckligen Pfad hinter sich herziehen: Autos aus Eisendraht mit Limonen als Räder.

Auf dem Dorfplatz haben die Gefängniswärter unter den Kapokbäumen Souvenirs ausgestellt. Finstere Skulpturen aus Ebenholz, die wie Soldaten in Reih und Glied stehen. Arbeiten von Gefangenen. Vom Erlös kaufen sie Zigaretten und Tee.

Die Kinder von Oussouye sind ihrem Beispiel gefolgt. In einer Schilfhütte am Weg verkaufen sie ihr Spielzeug: kleine hölzerne Radios und Fernseher, genaue Kopien der Originale; Motorräder mit der Aufschrift *Paris–Dakar* an der Seite; Miniaturschiffe mit dem Namen *African Queen*.

Ein Stück weiter befindet sich der Fahrradmechaniker von Oussouye. Er hat ein Schild an einen Baum genagelt: *Vélos à louer.* Drei Exemplare hat er, die er an Durchreisende vermietet. Unter dem Baum repariert er die Fahrräder der Dorfbewohner, ein florierendes Geschäft, denn selbst Polizisten benutzen in dieser flachen Gegend Räder als Beförderungsmittel.

In dem kleinen Laden gegenüber kann man alles bekommen, von Batterien bis zu Coca-Cola. Der Verkäufer sitzt den ganzen Tag im dunklen kühlen Raum und starrt auf die Straße. Seufzend steht er auf, wenn er durch einen Kunden gestört wird. Er verkauft Würfelzucker im Dutzend und schneidet Butter in unendlich kleine Stückchen, die er in Zeitungspapier verpackt.

Das Haus von Felicien ist zugesperrt. Sein Nachbar deutet zu den Feldern am Rand des Dorfes. Während der Schulferien ist Felicien meistens dort zu finden. Ich sehe ihn schon von weitem, eine kleine Gestalt in einer offenen Landschaft, die von Palmen eingegrenzt wird. Er geht gebückt, ein metallener Behälter auf seinem Rücken. Über dem Feld hängt eine weiße Wolke von Insektenpulver. Er wischt sich den Schweiß von der Stirn. »Heuschrecken. Wenn ich sie jetzt nicht vernichte, fressen sie alles auf.«

In der vergangenen Nacht ist ein Schwein ausgebrochen. Sechs Häftlinge wurden in die Felder geschickt, um es zu fangen. Sie tauchen am Horizont auf, flinke Kerlchen, die lachen und schreien wie in einer Posse. Später kommen sie an Feliciens Haus vorbei, begleitet von einem Aufpasser auf seinem Fahrrad. Sie zerren das quiekende Schwein an einem Strick hinter sich her.

An diesem Morgen ist der sechste schwarze Ochse gekauft worden. Auch Felicien hat mitbezahlt. »Für dieses Geld muß ich eine Woche arbeiten«, sagt er mißmutig. Er konnte sich der Verpflichtung nicht entziehen, denn der Ochse seines Ortsteils wird gegenüber seinem Haus geopfert werden, und sein Bruder ist der *féticheur*, der die rituelle Schlachtung ausführen wird.

Er wischt sich die staubigen Hände an seinen Shorts ab. »Du wolltest doch den König sehen? Heute nachmittag werden wir es versuchen.«

Die Könige der Diola gehören einer Welt an, die hartnäckig im Schatten der Asphaltstraße weiterlebt. Sobald die Dorfältesten mit ihren Stöcken auf einen neuen König zeigen, muß dieser sich in den heiligen Wald außerhalb von Oussouye zurückziehen. Dort führt er ein Leben voller Entbehrungen. Er darf sich nur tagsüber in der Öffentlichkeit zeigen und nie einen Flußarm überqueren, so daß seine Bewegungsfreiheit eingeschränkt ist. Im heiligen Wald empfängt er die Dorfältesten, schlichtet Konflikte und wacht über die Dorftraditionen.

Früher, als die Franzosen in dieser Gegend die Herren waren, waren die Könige ihre gefürchtetsten Gegner. Die junge Königin Alinsitowe führte einen regelrechten Volksaufstand gegen die Franzosen an, ihr Körper war ein Schild gegen die Invasion von Ausländern. Seit sie verbannt wurde, fühlen sich die Zurückgebliebenen unbeschützt.

Felicien hörte die Geschichte über Alinsitowe von seinem Vater. Sie erfüllte ihn als Kind mit Ehrfurcht und Angst. Alinsitowe, die war stark, sagt er: Wenn sie ihren Stock gegen den Himmel richtete, begann es sofort zu regnen. Ich wundere mich. Ist das derselbe Mann, der gestern über die Anhänger von Königin

Toje lachte? Er ist Mitglied eines Bauernverbands in der Stadt; dort hat er das Insektizid gekauft, um die Heuschreckenplage zu bekämpfen. Er weiß, daß die Wüste in dieser Gegend auf dem Vormarsch ist. Aber die Geschichten seiner Vorväter wagt er nicht in Zweifel zu ziehen. Als ob die Angst, die er als Kind spürte, ihn noch immer beherrsche.

Als ich ihn an diesem Mittag aufsuche, sind seine Augen rot unterlaufen. Drinnen steht auf dem wackligen Holztisch eine Schale mit Palmwein. »Erst müssen wir trinken«, sagt er resolut und reicht mir eine hölzerne Kelle. Der König spricht nicht Französisch, also wird er selbst die Fragen stellen. Was will ich wissen? »Du darfst ihn viele Dinge nicht fragen, die sind tabu«, schärft er mir ein. »Erkundige dich vor allem nicht nach seiner Frau und seinen Kindern oder nach den Geheimnissen des heiligen Walds.«

Die alten Männer an der Asphaltstraße schauen uns geistesabwesend an, als wir vorbeigehen; sie sind bereits an meine Anwesenheit im Dorf gewöhnt. Flankiert von Felicien, erfüllt von unserer Mission sehe ich sie plötzlich anders: Sie fühlen sich in der neuen Welt nicht daheim, sondern haben sich längs des Weges als Bewacher der vergangenen Diola-Welt aufgestellt. »Worüber reden sie bloß den ganzen Tag?« frage ich. Felicien lächelt geheimnisvoll: »Wer kann das schon sagen? *Ils font le tour de l'horizon.* Sie verschaffen sich einen Überblick.«

Ich hatte eine lange mühsame Wanderung erwartet, doch bereits nach wenigen Minuten bleibt Felicien stehen. Vor einer Lehmhütte sitzt eine Frau mit einem Lendentuch um die Hüften. Ihre Brüste sind verwelkt, leer. »Die Frau des Königs«, flüstert Felicien. Sie geht uns in Richtung des Waldes voraus und gibt uns ein Zeichen zu warten.

Kurz darauf stehen wir an einer Lichtung, die von Schilfrohr umsäumt ist. Aus einer Öffnung im Schilf kommt er zum Vorschein, eine schmale Gestalt in rotem Gewand, eine rote Mütze auf dem Kopf, einen Stock aus Rohr in der Hand: der König. Er sieht mehr wie ein Elf aus. Ausdruckslos schaut er uns an. Seine Lippen öffnen sich kaum, wenn er spricht, er lacht nicht, seine Augen verraten keine Emotion. Er steht da, als ob er nicht sich selbst, sondern anderen gehöre.

Ein König darf in Gegenwart von Fremden nicht sitzen, also bleiben wir stehen. Was folgt, ist kaum als Gespräch zu bezeichnen, und so hat es Felicien wahrscheinlich auch beabsichtigt: Ich darf den König sehen, mehr nicht. Er übersetzt meine Fragen mit entschuldigenden Gebärden. Die Antwort muß darin bereits häufig enthalten sein, denn der König nickt nur. Meine Frage nach der traditionellen Rolle eines Königs in diesen verändernden Zeiten schneidet Felicien mit den Worten ab: »*Ça le dépasse.* Das geht über seinen Verstand.« Einmal höre ich den König »*pagaille*«, Saustall, sagen, und einmal »*ah, bon*«. Es sind Worte, die wie Blitzstrahlen in undurchdringlicher Finsternis auftauchen.

Als ich frage, ob er mit seinem Dasein als König glücklich ist, schüttelt er traurig den Kopf. »Nein, es ist ein schreckliches Los«, übersetzt Felicien, »doch wer die Königswürde ablehnt, stirbt nach drei Tagen, und was würde das Dorf ohne König sein? Jeder würde nur tun, was ihm paßt.«

»Wir dürfen ihn nicht länger ermüden«, entscheidet Felicien kurz darauf. Der König gibt seiner Frau ein Zeichen. Dann zieht er sich in die Einsamkeit des Waldes zurück.

Auf dem Rückweg erzählt Felicien, daß ein Mann aus einem Nachbardorf unlängst Hals über Kopf ins Ausland flüchtete, als er hörte, daß er König werden müsse. Er befürchtete, daß die Dorfältesten eines Nachts in sein Haus schleichen und ihn mit ihren Rohrstöcken antippen würden, worauf eine Weigerung unmöglich sein würde.

Unter dem Kapokbaum gegenüber Feliciens Haus hat sich eine große Menschenmenge versammelt. Sie bereiten die Ankunft von Königin Toje vor, die morgen durch das Dorf ziehen wird, um den rituellen Schlachtungen beizuwohnen. Die Jugendlichen von Oussouye haben sich mit Speeren, Messern und Stöcken als Krieger aufgeputzt. Ihre Gesichter sind weiß bemalt. Einer trägt Glühbirnen auf dem Rücken, ein anderer hat sich zwei Singles auf die Oberarme gebunden. Sachen aus dem Kiosk an der Asphaltstraße oder von noch weiter her, aus der Stadt.

Tamtams trommeln, und die Burschen beginnen um den Baum zu tanzen, immer schneller. Glöckchen, Medaillen und Amulette blitzen auf in der einbrechenden Dunkelheit. Aus der wirbelnden Masse heben sich bekannte Gesichter heraus: der Sohn des Hotelbesitzers, die Jungen, die tagsüber an der Asphaltstraße herumhängen. Ihre Körper sind schweißgebadet. Die Lianen, die sie straff um Arme und Beine geflochten haben, schneiden ins Fleisch und hinterlassen eine wäßrige Blutspur. Aber sie scheinen es nicht zu bemerken, ihre Füße stampfen im gleichen Rhythmus weiter. Ihre Mienen zeigen jetzt einen entschlossenen Ausdruck. Als ob sie hinter etwas herjagten, das für mich unsichtbar bleibt.

Meine Bitte hat Felicien in Verlegenheit gebracht. »Ein Diola verweigert einem Fremden nie den Eintritt in sein Haus«, sagt er. Aber wenn Königin Toje mit ihrem Gefolge durch seine Straße zieht, muß ich mich fernhalten: Sie will nicht, daß Weiße ihren Weg kreuzen. Sie sagt, daß sie im Namen von Königin Alinsitowe handelt: Die Weißen, die Alinsitowe entführten, würden auch ihr Böses antun wollen.

Sie wirft den Diola vor, daß sie Alinsitowe verraten haben. Sie kaufen importierten Reis, kochen in Kupferkesseln und essen mit Messer und Gabel, genau wie die Weißen. Als die Asphaltstraße angelegt wurde, sahen sie tatenlos zu. Nun fahren die Weißen vorbei und lassen ihre schamlosen Blicke über das Dorf schweifen. Wenn die Diola wollen, daß es regnet, werden sie sechs Tage auf traditionelle Weise essen müssen.

Felicien erzählt es angewidert. »Zurück in die alte Zeit«, höhnt er, »als ob das noch möglich wäre!« Dann verfällt er wieder in Nachdenken. »Ich habe keine Angst vor ihr, aber was würden die Nachbarn sagen, wenn sie dich hier sehen?«

Am nächsten Morgen wartet Felicien bereits im Hof des Hotels auf mich. Er hat es sich anders überlegt. »Komm ruhig mit, die Vorbereitungen darfst du auf jeden Fall sehen.«

Am Kapokbaum gegenüber seinem Haus ist ein großer schwarzer Ochse festgebunden. Felicien zeigt auf das kleine Schutzdach hinter dem Baum: Da liegen Knochen von rituell geschlachteten Ochsen, Ziegen und Schweinen auf einem Haufen. Ein Stück weiter sitzen alte Männer auf Bänken und unterhalten sich lebhaft. Manchmal gehen sie zu Feliciens Haus. Da steht ein Faß Palmwein, aus dem sie trinken. Erst jetzt bemerke ich, daß auch Felicien nicht mehr nüchtern ist.

Überall liegen kleine Holzstapel für das Feuer, auf dem nachher gekocht werden wird. Gaskocher hat Toje verboten. Alte Frauen in verschlissenen Lendentüchern schaffen Töpfe mit Reis, Bohnen und Erdnüssen heran. Andere schleppen sich mit schweren irdenen Schüsseln ab. Ihre Bewegungen sind träge, sie zeigen einander, was zu tun ist, und kichern, wenn etwas schiefgeht – als ob sie ein Stück spielten, das sie vor langer Zeit einmal aufgeführt haben. Marie, die Frau von Felicien, sitzt neben mir in der Türöffnung. »Es ist sehr schwierig, in einem Tontopf zu kochen«, sagt sie, »ich könnte es nicht. Und wenn so ein Topf herunterfällt, zerbricht er.«

Gleich neben dem Knochenhaufen unter dem Schutzdach sticht ein hochaufgeschossener Mann mit einem Spaten in die Erde und beginnt zu graben. Es ist Feliciens Bruder, der *féticheur*. Sein entblößter Oberkörper ist mit farbigen Perlenschnüren behängt. Über der Grube wird der Ochse geköpft werden.

Die alten Männer auf ihren Bänken, die Frauen rund um die Kochtöpfe, Feliciens Bruder an der Grube, jeder hat eine Rolle in diesem Ritual, selbst Marie, die Reis zu Mehl stampft. Lediglich Felicien läuft unruhig umher, als ob er sich nicht entscheiden kann, was er tun soll. Manchmal geht er nach drinnen und trinkt gierig vom Palmwein. Als sich unsere Blicke kreuzen, lacht er blöde.

Der dumpfe Klang der Tamtams nähert sich. Unter dem Kapokbaum kommt Geschäftigkeit auf: Königin Toje ist im Anzug. Felicien zerrt mich mit: »Schnell hinein!« Er ist nervös und schweißnaß. »Ich muß dich einschließen, es geht nicht anders, denn wenn die Männer hereinkommen, um Wein zu trinken, würden sie dich sehen.« Mit einem knarrenden Geräusch schließt sich die Wellblechtür. Durch ein Loch dringt ein dünner Lichtstrahl herein.

Im Dunkel um mich herum schwellen die Geräusche an. Ich höre aufgeregte Stimmen. Unwillkürlich zieht es mich an das Loch in der Tür. Von hier sehe ich das Geschehen auf der Straße wie durch ein Teleskop. Tojes Priester, behängt mit Blumengirlanden und Perlenschnüren, drängen sich unter dem Kapokbaum. Rufe und Geschrei kündigen Tojes Ankunft an. Mein Blick erhascht für einen Augenblick ihr Gesicht, ihr Haar ist von einem Blumenkranz bedeckt. Dann wird sie von der Menge verschluckt.

Aller Augen sind nun auf die Grube gerichtet, die außerhalb meines Gesichtskreises liegt. Die Menge bewegt sich rhythmisch hin und her. Auf dem Sandweg hat sich das Gefolge von Königin Toje versammelt: junge Mädchen in blauen Gewändern, die sich bunte Muscheln ins Haar geflochten haben. Sie tanzen und singen. Ich komme mir vor wie im Kino – bis auf die Tatsache, daß der Geruch von Schweiß und säuerlichem Palmwein hereindringt. Ab und zu stößt jemand gegen die Tür, oder eine vorbeilaufende Gestalt versperrt mir die Aussicht.

Nun setzt sich die Menge wieder in Bewegung. Ich

erschrecke. Jemand rüttelt an der Tür. Es ist Marie. Sie dreht den Schlüssel um. »Es ist vorbei.« Weiter weg sehe ich den toten Ochsen auf einem Bett von Palmblättern liegen. Vier Männer zerlegen ihn. Felicien kommt zu uns her. Seine Beine sind aufgeschürft. Er grinst: »Mein Bruder konnte das Tier nicht allein bezwingen. Ich mußte ihm helfen. Ich habe den Schädel des Ochsen zwischen meine Beine geklemmt.«

Die Männer hängen große Klumpen Fleisch in den Kapokbaum. Einen Teil müssen sie an die Königin abtreten. Die nächsten sechs Tage werden sie unter dem Kapokbaum essen. Wenn vom Ochsen nichts mehr übrig ist, müssen sie weiße Hühner schlachten.

Ich spaziere zur Asphaltstraße. Morgen will ich weiter. Die alten Männer auf dem Marktplatz wiegen bedenklich ihre Häupter. »Der Weg nach Youtou ist schlecht«, sagt einer, »wenn es heute nacht regnet, ist es unmöglich, dorthin zu kommen.« Ich lache: »Warum sollte es regnen?« Der Mann schaut mich erstaunt an. »Wir haben heute sechs Ochsen geschlachtet, damit es regnet. Was hast du getan, damit es *nicht* regnet?« Seine Freunde brechen in Gelächter aus.

Als das Essen fertig ist, ziehen sich alle unter den Kapokbaum in ihrem Ortsteil zurück. Ich will zu der Grube, in die das Blut des Ochsen gesprudelt ist, doch Felicien hält mich zurück. »Nicht. Mein Bruder würde böse werden.« In der Hocke sitzen wir um die Kürbisse mit Reis und Fleisch. Wir essen mit den Händen, wie es Königin Toje befohlen hat. Der Reis schmeckt angebrannt, ganz anders als der Reis, den ich in den letzten Tagen gegessen habe. Es fehlt das Tomatenpüree, das die Diola sonst in ihre Soße geben. Keine importierten Produkte, hat Königin Toje befohlen.

Während wir essen, bezieht sich der Himmel. Unter dem Kapokbaum wird es drückend, als ob die Hitze des Tages sich hier zusammenballte. Bisher war es in Oussouye windstill gewesen, doch nun zerrt der Wind an den Blättern der Bäume und läßt das Feuer aufflackern. Das Grollen in der Ferne stammt nicht mehr von Tamtams: Es ist der Donner, der im Anzug ist. Dann klatschen die ersten dicken Tropfen herunter. Ich suche mit meinem Blick Felicien. Er sitzt über seinen Reis gebeugt. Sein Bruder steht auf und macht mit seinen Händen Gebärden, wie um den Regen zu ermutigen. Eine Frau nimmt eine Handvoll Reis aus einem Kürbis und streut ihn über seinen Kopf. Je wilder der *féticheur* tanzt, um so heftiger regnet es, als ob er über die Naturgewalten gebiete. Nun öffnen sich die Schleusen des Himmels vollends. Blitzstrahlen schießen durch die Luft.

Marie zieht mich am Arm. Die Menschen um uns herum stieben in alle Richtungen. Wir hasten über den Sandweg. Von der Türöffnung aus sehen wir, wie der Regen die Straßen in Schlammtümpel verwandelt. Ich schaue Marie an: »Man könnte fast denken, daß Königin Toje...« Sie zuckt die Achseln: »Erinnerst du dich, daß vorige Woche Vollmond war? Eine Woche darauf beginnt es meistens zu regnen.«

Die Frauen, die in ihre Häuser geflüchtet sind, kommen wieder heraus. Sie haben eiserne Rasseln in den Händen. Kinder ziehen ihre Kleider aus und tanzen nackt in den Pfützen. Felicien kann der Verlockung nicht widerstehen, auch er zieht sein Hemd aus.

In seinen roten Shorts macht er vor der Tür Tanz-schritte.

Sein Bruder bringt Töpfe mit Essen unter dem Ka-pokbaum in Sicherheit. Er braucht Hilfe: Der Regen strömt in die Grube mit Ochsenblut, das Blut darf nicht zu dünn werden, sonst verliert es seine Kraft. Einen Augenblick scheint Felicien zu zögern, dann rennt er über die Straße, packt eine Schaufel und be-ginnt wie besessen eine Rinne zu graben, die das Wasser ableiten soll. Er gräbt und gräbt und zeigt keine Spur mehr von der Wankelmütigkeit der ver-gangenen Tage. Schon bald ist von seiner Gestalt nicht mehr zu erkennen als ein fahler roter Fleck: seine Shorts. Zwischen uns hängt ein Regenvorhang.

1987

Médecin de nuit

ICH STIESS DIE Pforte des Missionshauses auf, schleppte meinen Koffer die Treppe hinauf und klingelte. Die Schwester, die öffnete, hatte sichtlich auf mich gewartet, ihre Augen hinter den dicken Brillengläsern leuchteten vor Freude, durchsichtige Hände griffen nach den meinen.

Sobald ich meinen Koffer über die Schwelle gehievt hatte, bereute ich, daß ich gekommen war. Warum war ich nicht in das Hotel auf dem Platz gezogen! Auf der Hotelterrasse hatte ich die Bewohner des Provinzstädtchens unter den Palmen sitzen sehen; die tropische Brise wehte die blütenweißen Tischtücher hoch – ein langer, träger Abend lag vor ihnen.

Hier drinnen war die Dunkelheit bereits eingebrochen. Der Tisch war gedeckt: Auf dem Plastiktuch standen Teller mit umgedrehten Tassen. Hinter einem der Teller saß eine steinalte Schwester, die in meine Richtung schaute und mit schriller Stimme rief: »*Qui est là?*«

Ich versuchte noch zu entkommen, doch es war bereits zu spät. Nein, nein, beschwor mich Schwester Solange, sie seien an Gäste gewöhnt, im Gegenteil, es sei ihnen ein Vergnügen. Vor allem Schwester Anna – sie wies mit dem Kopf zu der Schwester am Tisch – sei von meiner Ankunft entzückt.

In dem Zimmer, das für mich bestimmt war, schaltete sie das Licht an und ließ mich allein. »Wenn das Klingelzeichen ertönt, gehen wir zu Tisch.« Eine kahle Glühbirne baumelte von der Decke. Keine Leselampe. Das Bett war hoch und schmal und knarrte, als ich meinen Koffer darauf stellte. Aus dem Kleiderschrank wehte mir der scharfe Geruch von Mottenkugeln entgegen, der Kasten war gerammelt voll mit gebrauchten Kleidern in Plastiksäcken.

Deprimiert ließ ich mich neben meinem Koffer aufs Bett plumpsen. Die Musik der Nachtklubs in der Hauptstadt stampfte noch in meinem Kopf und vermischte sich mit den lebhaften Stimmen auf der Hotelterrasse, an der ich achtlos vorübergegangen war. Warum hatte ich mir das angetan?

Im Eßzimmer saßen die Schwestern im spärlichen Licht um den Tisch. Die dritte war zu meiner Überraschung schwarz und nicht älter als fünfundzwanzig. Ich hatte Mitleid mit ihr. Wie lebenslustig waren die afrikanischen Frauen, denen ich in den vergangenen Monaten begegnet war. Und hier saß sie, in diesem belgischen Licht, und mußte das alles entbehren.

Schwester Anna hatte mich nicht kommen hören. Erst als ich mich ihr gegenüber auf den leeren Platz setzte, schaute sie auf. »*Ah! La visiteuse de la capitale!*« Neben ihrem Teller lagen fünf bunte Pillen, die sie nach dem Gebet mit Wasser hinunterspülte.

Die Schwestern sprachen in gedämpftem Ton. Nur Schwester Anna, die offenbar schwerhörig war, setzte sich darüber hinweg. Ihre Augen waren funkelnde Steine, und aus ihrem Mund kam ein lauter Schrei: »*Vous avez été en Grèce?*« Griechenland! Wie kam sie darauf?

Die schwarze Schwester sagte nicht viel. Sie wich meinem Blick aus, als ob der frische Wind aus der Hauptstadt, den ich zweifellos mitgebracht hatte, ihr schaden könne.

Wir aßen Brot mit selbstgemachter Erdbeer-Ananas-Marmelade. Als Dessert gab es Avocados. Die Schwestern aßen sie mit Zucker. »*Des avocats! Vous n'avez pas ça en Belgique, non?*«, lachte Schwester Anna. Schwester Solange erläuterte, daß Anna seit 1948 nicht mehr in Belgien gewesen sei. So wie das Land damals war, war es ihr in Erinnerung geblieben.

Nach dem Essen spülten wir gemeinsam ab. Die schwarze Schwester füllte einen kleinen Eimer mit warmem Wasser und verschwand damit im Badezimmer. Später, als ich mir die Zähne putzte, hörte ich, wie sie sich hinter dem Duschvorhang mit Wasser übergoß. Die Dusche war schon seit Jahren außer Betrieb, alle wuschen sich auf diese Weise.

Die Beleuchtung über dem Tisch war bereits ausgeschaltet, als ich in mein Zimmer ging. Nur das Aquarium in der Ecke verbreitete ein wenig Licht, hinter dem Glas schwammen die Fische aufreizend langsam hin und her. Ich hörte Schwester Anna in ihrem Schlafzimmer husten. Ich stolperte beinahe über die Katze, die sich im Vorbeigehen an meinen Beinen rieb; ich stieß sie grob von mir.

»Wo wohnst du?« Ich zeigte die Straße hinunter. Tshis Blick hellte sich auf. »Im Haus von Schwester Anna?« Er kannte sie also. Sie müsse mindestens achtzig sein, schätzte er, als Kind hatte er sie bereits mühsam zur Kirche schlurfen sehen. »Ja, ja, wir behalten euch Weiße genau im Auge.«

Zwischen Tshi und mir herrschte sofort Kampfstimmung. *Ihr Weißen,* er sagte es spöttisch. »Wie findest du es, wenn wir über ›euch Schwarze‹ sprechen?« setzte ich mich zur Wehr. Er war verblüfft. Meistens duckten sich Weiße schuldbewußt, wenn er sie angriff, doch ich hatte sein Land nicht so lange bereist, so hartnäckig versucht, seine Landsleute zu begreifen, um mich nun so leicht abschrecken zu lassen. Ich kannte die Fallstricke, die Komplexe.

Die Weißen seien so viele Jahre nach ihrem Abzug noch immer die Herren im Land, sagte er, in ihren sicheren Hauptstädten hielten sie alle Fäden in der Hand. Manche, wie Schwester Anna, waren geblieben; das konnte er begreifen, sie war eine Gestalt aus seinen Kindertagen. Doch daß neue Weiße dazukamen, das gefiel ihm nicht. »Wir wollen euch nicht hier haben.«

Ich lachte ihn aus. »Du bist doch auch in Paris gewesen, was hast du dort denn getan?«

»Ich wollte euch auf eurem eigenen Terrain studieren, ich wollte wissen, wie ihr in den sicheren Hauptstädten lebt.«

»Und ich bin gekommen, um zu sehen, wie ihr lebt.«

Dann mußte ich weiter. Ich war gekommen, um die Diamantminen vor der Stadt zu besuchen, und nicht, um mit einem störrischen Intellektuellen zu zanken. Draußen brannte die Sonne vom Himmel. Während ich zum Missionshaus ging, fiel das Gestichel von Tshi von mir ab. *Das Haus von Schwester Anna,* so nannte man es hier also.

»Hast du das gesehen?« Der Chauffeur fuhr lang-samer.

»Was?«

»Dort.« Er deutete nach links. Nun erst sah ich durch den hohen Strandhafer das blaue Blech eines Autos schimmern. Das Auto stand auf merkwürdige Art gegen einen Hügel geparkt.

»Ich glaube, da liegt jemand«, sagte der Chauffeur und machte Anstalten weiterzufahren. Ich begriff seine Gleichgültigkeit nicht. »Laß uns halten! Viel-leicht können wir etwas tun.«

Das Auto war von der Straße abgekommen und von dem Hügel gestoppt worden. Es sah aus, als ob eine Riesenhand die Tür aus ihren Scharnieren geris-sen hätte; auf der Tür lag ein Mann und starrte mit großen, lebendigen Augen in den blauen Himmel. Ich faßte ihn an, wollte ihn schütteln, doch der Chauffeur zog mich zurück und sah sich ängstlich um. »Es bringt Unglück«, zischte er, »sie werden denken, daß wir etwas damit zu tun haben.«

Jetzt erst sah ich, was ihm offenbar schon früher aufgefallen war: Auf dem Gesicht des Mannes saßen Fliegen.

»Bloß weg von hier«, sagte der Chauffeur beklom-men.

Es mußte eine zweite Person dabeigewesen sein, die den Körper des Mannes auf die Tür gelegt hatte. Die Banalität eines solchen Unfalls auf einer völlig verlassenen Straße! Der Fahrer mußte zu schnell ge-fahren sein, oder vielleicht war er betrunken? »Er ist wahrscheinlich in die Stadt gegangen, um Hilfe zu holen«, mutmaßte der Chauffeur. Er war irritiert, er wollte hier weg, so schnell wie möglich.

Zu Hause hatte Schwester Anna am offenen Fenster, das nach der Straße ging, Posten bezogen. Sie schien verwirrt, ihre Hände zitterten in ihrem Schoß. »Hast du Neuigkeiten? Es ist ein Unglück geschehen. Kommst du vom Begräbnis?« Ich wurde nicht schlau daraus. Sprach sie über denselben Unfall?

Ein Mann blieb an der Pforte stehen und hielt seine Hand hoch. Meistens bekamen vorbeikommende Bettler eine Scheibe trockenes Brot, doch nun begann Schwester Anna, ihm Fragen zu stellen. Habe er etwas gehört, wisse er etwas über das Unglück? Bis in mein Zimmer hörte ich ihre Stimme.

Später tönten unbekannte Stimmen durchs Haus. Ich erkannte nur die sanfte Stimme von Schwester Solange. Sie umarmte mich. »Es ist etwas Schreckliches geschehen. Der Vater von Schwester Justine ...« Es liefen weiße Schwestern herum, die ich noch nie gesehen hatte, sie kamen aus anderen Missionshäusern und verschwanden im Zimmer der schwarzen Schwester. Eine von ihnen, eine kräftig gebaute Frau mit weißen struppigen Haaren, die unter ihrer Haube hervorlugten, stand im Türrahmen und führte das Kommando: Das müsse mitgenommen werden, das nicht. Sie warf mir einen kurzen scharfen Blick zu. *Die Oberin*, schoß es mir durch den Kopf.

Allmählich begriff ich, was geschehen war: Der Tote, den ich unterwegs gesehen hatte, war der Vater von Justine, der schwarzen Schwester. Sie war in ihr Elternhaus gegangen, wo das Trauern bereits begonnen hatte. Aus dem weiten Umkreis waren Schwestern auf dem Weg in das Städtchen, um dem Begräbnis beizuwohnen. »Du mußt in ein kleineres Zimmer umziehen, denn sie werden hier schlafen«, sagte Schwester Solange.

An diesem Abend saßen wir zu zwölft am Tisch. Am Kopfende saß die Oberin, die alle mit ihrem grimmigen Blick in Schach hielt. Außer Schwester Anna, die noch immer nicht begriff, was eigentlich los war, vom Hochbetrieb im Haus jedoch hellauf begeistert war. »Wo ist Schwester Justine, ißt sie heute abend nichts?« Der strafende Blick der Oberin entging ihr.

Mein Zimmer war nur halb so groß wie das vorige, und es roch muffig. Am liebsten wäre ich nach dem Essen nach draußen gegangen, aber mit der Oberin im Haus fehlte mir dazu der Mut.

Tshi stellte sich hinter mich. »Was gibt's zu sehen?« Der Leichenzug kam vorbei. Vorneweg schoben zwei Männer ihre Fahrräder; sorgfältig behielten sie einander im Auge, denn auf den Gepäckträgern ruhte der Sarg. Zum ersten Mal sah ich Schwester Justine wieder. Sie war nicht länger das schüchterne Mädchen, das ich am Tisch beobachtet hatte, sondern eine Frau, die mit erhobenem Haupt eine wüste Menge tanzender und kreischender Menschen anführte.

Auch Tshi hatte von dem Unglück gehört und verfolgte nachdenklich den Trauerzug. In der Stadt machten wilde Gerüchte die Runde: Der Verunglückte war auf dem Weg zum Begräbnis seiner Schwester gewesen, alle waren davon überzeugt, daß sie ihn in das Reich der Toten mitgezogen habe. Der Fahrer des Autos, der völlig verstört war, schien das zu bestätigen. »Es war, als ob jemand das Auto von der Straße hochhob«, wiederholte er fortwährend.

Seit dem Unglück fühlte ich mich im Haus der Schwestern mehr denn je als Eindringling. Nach dem Totengebet am Morgen hatte ich mich davongestohlen, und wo sonst konnte ich Zuflucht suchen als bei Tshi? Er hatte mich verstanden, ohne viel zu fragen. »Heute mittag werden sie trinken«, sagte er, »auf dem Patio vor dem Haus. Es ist, als ob eine Bar eröffnet würde, die ganze Stadt wird sich auf die Beine machen.«

Plötzlich war es, als ob auch wir einen freien Tag hätten. »Komm«, sagte er, »ich bringe dich zu einem Ort, wo dich ein Weißer nicht so schnell hinführen wird.«

Wir fuhren zu den waldigen Hügeln außerhalb der Stadt. Zwischen den Bäumen waren in der Ferne die Umrisse eines verfallenen Klosters zu erkennen. Tshi parkte das Auto an einer Stelle, die früher der Anfang einer Auffahrt gewesen sein mußte; nun war es ein unebener Pfad, der von Unkraut überwuchert war.

Er nahm meine Hand. »Ich kenne hier den Weg, ich bin hier Jahre zur Schule gegangen.« Das Internat seiner Jugend. Daß er mich hierher gebracht hatte! Es war ein riesiges Gebäude aus rotem Backstein, eine Kaserne mit hochliegenden kleinen Fenstern, die nun alle kaputt waren. Wir näherten uns vorsichtig. »Es scheint, als ob der frühere Hausmeister hier noch ab und zu umherirrt«, flüsterte Tshi. Seine Hand in der meinen war feucht.

Zwischen den Stufen schossen zähe Farne hoch, die unter unseren Füßen raschelten. Tshi drückte die schwere Holztür auf. Brocken von Spachtelkitt fielen herunter. Ich wich erschrocken zurück.

»Nein, nein, folg mir nur«, sagte er beschwichtigend, »ich komme öfter hierher.«

Er brachte mich in sein Klassenzimmer. Die Tafel hing noch an der Wand, aber ansonsten war der Raum völlig ausgeplündert. Nachdem die letzten Patres vor Jahren weggegangen waren, hatte niemand mehr die Schule benutzt. Manchmal kamen die Kinder aus der Gegend, um Verstecken zu spielen.

Wir gingen in den Wald. Es war ein europäischer Wald, trotz der afrikanischen Bäume. Die Patres hatten ihn sich untertan gemacht. Und wenn er nach so vielen Jahren der Verwahrlosung auch kaum mehr zu erkennen war, einst hatten sie hier einen Pfad ausgehauen. Der Pfad führte zu einer Lichtung, die Tshi den »Skulpturengarten« nannte.

Da standen sie, lebensgroße Plastiken kräftiger schwarzer Männer und Frauen, die die Patres in Holz geschnitzt hatten. Die Frauen trugen Krüge auf dem Kopf, die Männer Pfeil und Bogen in den Händen. Die Skulpturen hatten Tshi in seiner Jugend große Angst eingeflößt. Es waren seine Ahnen, gefangen im Garten der Patres.

»Aus allen anderen Schulen sind die Jungen nachts abgehauen, aber wir fürchteten uns«, sagte er, »unsere Ahnen hielten uns in Schach.« Nun waren die Skulpturen mit Moos bedeckt und von Würmern angefressen. Tshi mußte mir nicht sagen, wie er sich fühlte: Es war ein Sieg, daß sie ihrem Schicksal überlassen worden waren. Ich gehörte zur selben Rasse wie jene Männer, die diese Skulpturen geschnitzt hatten. Hatte er mich deshalb hierher gebracht, um mich an seinem Sieg teilnehmen zu lassen?

Während wir weitergingen und das widerspenstige Gras zertraten, begann Tshi zu erzählen. Über den kleinen Jungen, der er war, als die Weißen in seiner Stadt noch den überheblichen Blick der Herrschenden hatten. »Jedes Jahr gaben sie ein großes Fest, an dem kein Schwarzer teilnehmen durfte«, sagte er, »sie zogen in ein großes Haus vor der Stadt und ließen ihre Boys daheim. Alle Zurückgebliebenen wußten, was sie dann taten: Sie aßen Menschenfleisch. Jeder Schwarze in der weiteren Umgebung, der verschwand, wurde zu dem Landhaus gebracht, in eine Grube geworfen und für den großen Tag fett gemästet.«

Er lachte rätselhaft. Die Geschichte paßte zu dem Wald, der wieder der seine geworden war. »Wir hörten es von unseren Eltern, die es wiederum von ihren Eltern gehört hatten. Es muß eine Geschichte aus der Zeit des Sklavenhandels sein. Vielleicht setzten die Weißen sie sogar selbst in die Welt, um das Verschwinden von Schwarzen zu erklären.«

Er blieb stehen und schaute mich an. »Und wer weiß, vielleicht war es sogar wahr. Eßt ihr kein Menschenfleisch, dort bei euch zu Hause?« Wir waren an den Rand des Waldes gekommen. Unter uns lag die Stadt, unbeweglich in der Betäubung des tropischen Mittags. Schweigend gingen wir zurück.

»Erzähl mir mehr«, sagte ich, als wir wieder im Auto saßen.

»Manche Patres konnten Schwarze in Tiere verwandeln, wußtest du das? Wir kamen manchmal am Schweinestall hinter dem Kloster vorbei, und da roch es nach Menschenfleisch.«

Während wir in Richtung Stadt fuhren, schlich sich das Bild der weinenden Schwestern am Tisch wieder in meine Gedanken ein. Schwester Anna schlurfte nun vielleicht allein durch das Haus, mit ihren Händen Halt an den Wänden suchend.

»Ich will noch nicht zurück«, sagte ich. Tshi hielt vor einer Bar. Die Front war mit drolligen Männern in weiten Hosen und Frauen mit wilder Haarpracht bemalt. Im Innern, einer Art Höhle, die von grünen Neonlampen erhellt war, wurde ein Hit gedudelt, den ich bereits in der Hauptstadt gehört hatte. *Médecin de nuit.*

Es war gerammelt voll. Wir bestellten Bier und schauten uns um – später tanzten wir wie die anderen auch. Fünf lärmende Frauen hockten an einem Tisch voller Bierflaschen. *Femmes libres.* Sie verhielten sich brutal gegen jeden Mann, der sie anmachte. Die Nacht war jung, sie hatten noch Zeit. In der soundso vielten Bar, in der wir später in der Nacht landeten, begegneten wir ihnen wieder, immer noch ohne Männer.

Manchmal sagte Tshi etwas, über die Frauen, über den Barbesitzer. Er übersetzte mir die Texte der Lieder. *Du bist mein Doktor der Nacht, ich war krank, jemand wollte mich vergiften, doch du gabst mir eine Medizin, du bist mein Doktor der Nacht.* Das Haus von Schwester Anna trieb immer weiter von uns weg.

Als wir auf die verlassenen Straßen herauskamen, waren wir zwei Verirrte in der Nacht. Wir näherten uns der Straße, die wir beide kannten: Da war das Haus mit den schlafenden Schwestern und da sein Büro, das kahle Zimmer, aus dem wir mittags den Leichenzug verfolgt hatten. Der Nachtwächter rieb sich die Augen, als Tshi die Tür öffnete, erkannte ihn und drehte sich ächzend auf die andere Seite. Es war nicht mehr lange bis zum Morgengrauen.

Das Büro lag im Halbdunkel. Irgendwo schien eine Lampe, vielleicht auf der Straße. Ich schaute durch das Fenster. Gegenüber schlief ein Wächter in einem Pappkarton.

Tshi trat auf mich zu, ein Scherenschnitt im matten Schein der Straßenlaterne. »Komm.« Um seine Silhouette erwachte der Wald wieder zum Leben. Nicht der Wald von heute nachmittag, sondern ein Wald, der in meiner Erinnerung weit zurücklag, der afrikanische Wald aus meiner Jugend, in dem Tamtams trommelten und Männer in Baströcken um ein brodelndes Gebräu in einem schwarzen Kessel tanzten. Ich schloß die Augen, um die Bilder zu vertreiben.

Draußen schlug ein Gegenstand mit regelmäßigem Geräusch auf den Gehsteig. Klick-klack-klick-klack. Ein Kind, das mit einer leeren Büchse spielte? Ich öffnete die Augen. Trübes Licht drang ins Zimmer.

Er lag neben mir, wehrlos wie der andere – gefällt zwischen dem hohen Strandhafer –, der erste schwarze Mann, den ich liegen gesehen hatte, ein toter Mann. Ich stürzte mich auf ihn, schüttelte ihn. Erst als er sich zu regen begann, wich die Panik.

»Was ist?«

»Horch«, flüsterte ich. Geräusche drangen aus der erwachenden Stadt zu uns und nisteten sich zwischen uns ein. Wir mußten weg.

Draußen schien alles aus dem Gleichgewicht gekommen zu sein. Schwindlig von der plötzlichen Helligkeit und dem Lärm gingen wir durch die Straße. Plötzlich kniff mich Tshi in den Arm und drückte mich gegen die Hecke. »Schwester Anna!« Da ging sie gekrümmt, auf dem Weg zur Frühmesse. In Tshis

Blick lag Triumph. Er hatte mich dem Haus der Stille entrissen, dem Haus von Schwester Anna.

Ich drückte seine Hand und hastete nach drinnen. Mein Haar war durcheinander. Der Tisch war bereits gedeckt, neben dem Teller von Schwester Anna lagen fünf bunte Pillen.

Schlurfen von Pantoffeln. Bevor ich in mein Zimmer schlüpfen konnte, stand sie bereits vor mir: die Oberin. Auch ihr Haar war in Unordnung. Sie schaute mich mit einem unnachgiebigen, harten Blick an, doch ihre Lippen blieben verschlossen.

In meinem Zimmer war das Tageslicht bereits greller. Es versprach ein warmer Tag zu werden. Ich schloß die Vorhänge, und während um mich herum das Haus zum Leben erwachte, versank ich in tiefen Schlaf.

1990

Mit V. S. Naipaul auf Trinidad

»ICH WUSSTE, daß ich jemand wecken muß«, ruft George munter, als ich um den Türpfosten luge, »aber ich hatte vergessen, wen!« Aus dem Radio in seinem kleinen Büro dröhnt überlaute Musik. Gestern abend, als ich aus meinem Zimmer ein Telefongespräch anmeldete, schmetterte Radio Trinidad fröhlich dazwischen – ich konnte die Stimme am anderen Ende kaum verstehen.

»Ich bin von selbst wach geworden«, sage ich. »Wie um Himmels willen könnt ihr hier schlafen? Ich fühle mich, als ob mir der Kopf mittendurch gesägt worden wäre.«

George schaut mich erstaunt an. In der Nähe des Hotels La Calypso liegt ein Elektrizitätswerk – *the electricity problem*, wie er es nennt –, vielleicht habe ich das gehört?

Um uns herum ist das Leben in vollem Schwung. In der Küche sitzt ein junges Ehepaar von der Nachbarinsel Tobago vor einem Stapel Weißbrot mit Käse und glotzt in den plärrenden Fernseher. Der Empfang ist schlecht, das Bild nicht mehr als Punkte und Streifen, doch sogar, wenn der Ton in gräßliches Pfeifen übergeht, bleiben ihre Blicke auf das Gerät fixiert.

Der dicke norwegische Tourist, mein Zimmernachbar, watschelt die Treppe herunter. »Gehst du mit ins

69

Café?« Er schaut mich mitleidig an, als ich ablehne: Was spricht dagegen, den Tag mit Bier zu beginnen? Was kann man hier anderes tun? Er überquert die Straße, begrüßt den Inhaber des La Calypso, einen langen Neger, der mit der Verkäuferin einer Kleiderboutique schäkert, geht an dem *Jesus loves you*-Schild vorbei und biegt beim Astor-Kino um die Ecke.

Ich studiere den Stadtplan von Port of Spain, der im Büro hängt. Als ich George zu Hilfe rufe, kann der nicht einmal unser Hotel lokalisieren. So ist alles im La Calypso: familiär und hoffnungslos ineffizient. Ich brauche nur einen Schritt zu tun, und schon tauche ich in dieses Chaos ein. Doch der Kopf steht mir nicht nach der warmen Umarmung dieser Sonneninsel. Ich bin nach Trinidad gekommen, um V. S. Naipaul kennenzulernen.

Die Assoziationen begannen bereits auf dem Flugplatz. Als ich über den glühend heißen Asphalt zum Flughafengebäude ging, dachte ich an die indische Familie, die Vidiadhar Naipaul vor vierzig Jahren zum Abschied nachwinkte. Er war beinahe achtzehn, ein brillanter junger Mann, der zum Studium nach London ging. Seine Mutter hatte ihm Bananen mitgegeben und ein geröstetes Huhn, das er abends über dem Papierkorb in seinem New Yorker Hotel aufaß, zum ersten Mal von Scham über den scharfen Geruch erfüllt, den das Gericht verbreitete.

Er wollte weg von der Insel vor der Küste von Venezuela, auf die die Inder im vorigen Jahrhundert geholt worden waren, um auf den Zuckerplantagen zu arbeiten – er wollte Schriftsteller werden. Doch Erinnerungen an seine Jugend sollten ihn in London jahrelang verfolgen, und es gelang ihm nur, sie zu bannen, indem er sie von neuem zum Leben erweckte, bis in die kleinsten Details.

Die Äpfel in den Obstständen am Straßenrand ließen mich an den Apfel denken, den Ralph Singh in *Herr und Sklave* seinem Schullehrer gab – eine importierte Frucht, die nachdrücklich die Entfremdung des Jungen betonte, der im kolonialen Trinidad aufwuchs. Die Häuser auf Pfählen, die vorbeiglitten, kannte ich aus *Ein Haus für Mister Biswas*, Naipauls epischem Roman über den Kampf seines Vaters – Mister Biswas – um den Bau eines eigenen Hauses auf Trinidad. Ich konnte mir vorstellen, wie die Wellblechdächer bei Unwetter schepperten, wie in der dramatischen Szene, in der Biswas an den Rand des Wahnsinns gerät.

Neben mir zog der indische Taxifahrer seine Hosenbeine hoch, als ob er in seinem Wohnzimmer sitze und es sich bequem machen wolle, und selbst das erschien mir wie eine naipaulsche Gebärde.

Naipaul hält sich im benachbarten Guayana auf – ich habe einige Tage Zeit, um seine Heimat zu erkunden. Meine neue Zimmerwirtin, eine kreolische Anwältin, die Appartements an Ausländer vermietet, ist von meiner Mission beeindruckt. Ob ich keine Zeitungsinterviews geben will?

»Interviews? Aber ich bin doch gekommen, um *ihn* zu interviewen.«

»In Trinidad ist das ein Thema für die Presse«, sagt sie.

Ich bin nicht die erste, die wegen Naipaul hierher kommt. Eine amerikanische Journalistin, die vor Jahren eine Abhandlung über ihn schreiben wollte, war von Trinidad so beeindruckt, daß sie nie mehr weggegangen ist. Sie heiratete einen Schwarzen und schreibt inzwischen für die Lokalzeitung *Daily Express*.

»Und ihre Abhandlung über Naipaul?«

»Oh, die hat sie nie abgeschlossen.«

Dies ist eine kleine Insel. Wenn ich Naipauls Namen nenne, werden die Gespräche äußerst lebhaft. Jeder weiß etwas über ihn, sie drängeln sich, um es mir zu erzählen. Seine Mutter, die aus der mächtigen Capildeo-Familie stammt, führte bis vor kurzem einen Steinbruch. Sie saß am Rand der Grube in einem dunklen Verschlag und verkaufte Kies kiloweise, eine dicke Frau mit einer enormen Armbanduhr und einem Schal um den Kopf. Es geht die Mär, daß ihre Stimme so durchdringend war, daß sie selbst die Dynamitexplosionen übertönte.

Jemand erinnert sich, daß er ein Buch von Naipaul gelesen hat, aber er hat den Titel vergessen, ein anderer behauptet, daß Naipaul Südafrika bereist hat. Und so stranden diese Gespräche nach einem lebhaften, vielversprechenden Anfang immer wieder in Unkenntnis und Vagheit.

Sie begreifen nicht recht, warum ich gekommen bin. *Ein Haus für Mister Biswas*, das kann ihrer Meinung nach nur ein echter *Trini* verstehen. Wenige scheinen sein späteres Werk zu kennen – Indien, England, Afrika, seine Flucht in die Welt, wodurch ich ihn entdeckte. »Ich kenne diese Naipauls«, sagt ein weißer Inselbewohner spanischer Abstammung. »Ich glaube nicht, daß sie einen großen Schriftsteller hervorbringen können, es sind keine weltläufigen Männer, ihre Erfahrungen sind zu beschränkt, sie haben nicht gelebt.« Er lehnt sich in seinem Stuhl zurück, reckt den Bauch heraus, ganz südamerikanischer Macho – ich brauche ihn nicht zu fragen, was er mit *Sie haben nicht gelebt* meint.

Dann legt jemand die neueste Platte von Julio Iglesias auf, und damit ist vorläufig das Letzte über Naipaul gesagt. Weihnachten und Neujahr stehen vor der Tür, eine unabsehbare Reihe von Lunches, Dinners und Partys, auf die sich jeder geduldig vorbereitet. Kolossale Weihnachtsbäume werden in Wohnzimmern aufgestellt, bis zur Spitze mit Schnee, Vögeln und Weihnachtskugeln behängt. Radio Trinidad unterbricht seine Sendungen mit Werbespots über *Christmas sales*.

Der Öl-Boom der siebziger Jahre hat auf der Insel noch seine Nachwehen. Viele Menschen sind in kurzer Zeit reich geworden. Man sieht es an der Einrichtung ihrer Häuser: Alles ist groß, zu groß geraten. Wohnzimmer sind Empfangshallen, Gärten haben beleuchtete Schwimmbäder und Springbrunnen, jedes Haus ist von einem gesicherten Zaun umgeben. Wenn die Nacht über Port of Spain hereinbricht, beginnen die Hunde zu bellen und die Alarmsysteme zu heulen.

Zweifelhafter Reichtum ist das, die Art von Reichtum, die Zynismus erzeugt. Die Golfkrise wurde mit Gekicher aufgenommen: Dank Saddam Hussein sind die Ölpreise gestiegen, zum ersten Mal seit Jahren werden wieder Äpfel und Trauben importiert.

Letzten Sommer wurde die Insel durch eine Gruppe arbeitsloser Schurken aufgeschreckt, die das Parlament überfielen und alle Anwesenden als Geisel nahmen. Ihr Anführer war ein Robin Hood in Gestalt eines fundamentalistischen Moslems. Das Fernsehgebäude wurde besetzt, Lagerhäuser in der Innenstadt geplündert und in Brand gesteckt. Sollen die doch ruhig die Regierung erschießen, dann sind wir sie los, dachten manche. Bis sie im Fernsehen das religiöse Gezeter erlebten und sich bewußt wurden, daß sie in Zukunft nicht mehr trinken dürften. Während des monatelangen abendlichen Ausgangsverbots, das auf den Putschversuch folgte, gab es mehr Feste denn je – sie dauerten bis zum Morgengrauen.

Bereits nach ein paar Tagen sehe ich auf Partys dieselben Gesichter und kann erraten, worüber gesprochen wird. Jeder kennt jeden, kein Geheimnis, wie unwichtig es auch immer sein mag, bleibt hier bewahrt – es ist eine Welt, die sich auf beängstigende Weise um ihre eigene Achse dreht.

Inzwischen wird durch die Sonne mein Gehirn träge, und die Fragen, die ich aus dem Norden mitgebracht habe, werden im schwerfälligen Rhythmus dieses Fleckens Erde bedeutungslos. Andere treten an ihre Stelle: Wie kommt es, daß Naipaul mit all dem so wenig zu schaffen hat? Wie ist er dem entgangen?

Naipauls älteste Schwester Kamla, bei der er in der Regel wohnt, wenn er auf Trinidad ist, holt mich zu einer Fahrt über die Insel ab. Es ist Sonntag, ein strahlender Tag, ich bin mit Kirchengesang erwacht, und nun gehen Frauen mit prächtigen Hüten vorbei und Kinder in weißen Kleidern mit roten Schleifen im Haar. Im Radio berichten Bekehrte, angespornt durch die exaltierte Stimme eines Predigers, über wundersame Heilungen.

Die Scharlatane aus Naipauls frühen Romanen sind auf Trinidad noch quicklebendig. Die Insel ist mit Moscheen, Hindutempeln, Kirchen und Sektenzentren übersät. Der kleinste Obstverkäufer hat Sprüche wie *Rejoice in the Lord* oder *Are you hurting, try Jesus* über seinen Stand genagelt, die Zeitungen sind voll mit Anzeigen wie *Thank you St. Jude for favours granted*.

Auf dem Independence Square, im letzten Sommer Zentrum der Revolte, bilden sich jeden Abend Gruppen von Habenichtsen um heftig gestikulierende Sektierer. Sie machen Musik, singen und tanzen. »Wenn du den Ehrgeiz hast, Predigerin zu werden, mußt du dich dort hinstellen«, gab mir jemand einen Tip. »Was du auch verkündest, innerhalb einer Stunde hast du Anhänger.«

»*Yes, everybody is into religion nowadays*«, sagt Kamla, als ich in ihr Auto steige. Sie ist eine schöne, hochgewachsene sechzigjährige Frau in einem violetten Kaftan, dazu trägt sie Sandalen. Sie hat die Züge ihres Bruders, wie ich ihn von Fotos kenne, eine Haut wie gebrannter Kaffee. »Ich fahre dich herum«, sagt sie resolut, »aber du mußt sagen, wo du hin willst.« Keine Spur des singenden Tonfalls von Trinidad in ihrer Stimme.

Unser Ausflug ist eine der Gefälligkeiten, die sie Naipaul versprochen hat – und es ist nicht die einzige. »Ich hatte gerade angefangen, sein neuestes Buch zu lesen, aber ich mußte aufhören: Der echte Naipaul hielt mich von meiner Arbeit ab!«

Wir fahren nach Chaguanas, das etwa zwanzig Kilometer außerhalb von Port of Spain liegt. Dort wohnte der Capildeo-Clan, mitten im *Sugarbelt*, in dem die indischen Lohnarbeiter gelandet waren. Das Haus beherrschte die Hauptstraße, eine imposante dreistöckige steinerne Burg mit Arkaden auf lotusförmigen Säulen: an der Vorderseite ein Stoffgeschäft, dahinter ein Bienenkorb voller Menschen. Naipauls Vater, ein armer Brahmane, der eigentlich dazu ausersehen war, Pandit – Hindugelehrter – zu werden, hatte in die Familie eingeheiratet.

Inzwischen befindet sich das Haus in beklagenswertem Zustand. Die weißen Mauern sind mit einer soliden Schicht schwarzen Schimmels bedeckt, die stolzen roten Löwen auf der oberen Galerie sind verblichen, die Arkaden geborsten. *Drugstore* verkündet ein Schild über der Tür. Drinnen treffen wir Mister Greene, einen mürrischen alten Mann mit grauem Kraushaar, der hinter seinem Tresen hinaus auf die sonnenüberflutete Straße starrt. Es ist nicht klar, was er eigentlich verkauft; die gläsernen Vitrinen sind so gut wie leer – hier und da liegt ein umgefallenes Fläschchen mit einem abgegriffenen Etikett. Der Plafond hat Stockflecken, der Gott Ganesha im Hof ist jämmerlich ramponiert, sein Elefantenrüssel abgebrochen.

Und doch hat das Löwenhaus etwas von seinem früheren Charakter bewahrt, und es ist nicht schwierig, sich die hohen Festtage aus *Ein Haus für Mister Biswas* ins Gedächtnis zu rufen, als das Geschäft noch voller Stechpalmenzweige mit Beeren war und Frau Tulsi – die gefürchtete Herrin des Hauses – selbst die Kunden bediente, als das ganze Haus von geheimnisvoller Betriebsamkeit pulsierte, und alle Kinder sehnsüchtig dem Morgen entgegensahen, an dem sie Äpfel in blauem Einwickelpapier, Blechflöten, Gummipuppen und Ballons in ihrem roten Filzstrumpf finden würden.

»Ich konnte das Buch die ersten Jahre nicht lesen«, sagt Kamla, »die Wiedererkennung war zu groß, es schmerzte zu sehr.«

Weihnachten in einer Hindu-Familie – es war einer der Widersprüche, von denen es im Löwenhaus nur so wimmelte. Am Karfreitag, erinnert sich Kamla, aßen sie Reis mit Lachs. »Es war ein Haus, das jeden Neuling absorbierte«, sagt sie, »Papa lehnte sich dagegen auf, er wollte sich nicht in ein Schema pressen lassen.« Ich denke an Biswas, den es eines Abends so vor dem Essen ekelte, daß er es aus dem Fenster schmiß, wütend die Straße überquerte und an einer Bude an der Ladenstraße Austern mit Pfeffersauce verschlang, bis ihm speiübel wurde.

Ein paar Jahre nach der Abreise seines Sohns nach England starb Naipauls Vater, in einem kleinen Haus in St. James, in dem er zum ersten Mal in seinem Leben das Gefühl gehabt hatte, ein unabhängiger Mann zu sein.

St. James ist ein volkstümliches indisches Viertel in Port of Spain. Die Straßen hier heißen Delhi-, Calcutta- und Bengalstreet, überall erklingt Musik, die Roti-Shops sind Tag und Nacht geöffnet. Das kleine weiße zweigeschoßige Haus in der Nepaulstreet strahlt eitel Gepflegtheit und Sauberkeit aus. Naipauls Mutter blieb hier wohnen. Seit ihr Sohn eine Veranda bauen ließ, sitzt sie oft draußen, vom Karnevalszug in St. James will sie nichts verpassen.

Aber jetzt ist sie nicht da – sie ist zu Besuch bei Verwandten in Florida. »Mama ist nach dem Tod von Papa reiselustig geworden«, sagt Kamla, »sie ist schon zweimal in Indien gewesen und träumt davon, Alaska zu besuchen: Sie will ein Land sehen, in dem nur Schnee liegt!«

Spitzengardinen vor den Fenstern, die Schlafzimmerfenster verstecken sich hinter Goldregen. »Alles wächst wie verrückt!« Kamla schaut besorgt nach oben. »Es wird Zeit, daß Mama zurückkommt.«

Vor ein paar Wochen ist eingebrochen worden. Jemand hat Pappe vor das kaputte Fenster der Eingangstür genagelt. Die Diebe haben die Saris im Kleiderschrank nicht angerührt, aber sie haben alle Briefe, die ordentlich zusammengeschnürt waren, geöffnet – wahrscheinlich suchten sie nach Geld und Schmuck. »Das haben wir Vidia natürlich nicht erzählt«, sagt Kamla, »es würde ihn nur deprimieren.«

Kamla selbst wohnt in Charlieville, ein paar Kilometer vom Löwenhaus entfernt. Vor zehn Jahren war sie hier die einzige, jetzt ist die ganze Straße bebaut. In allen Gärten flattern *Jhandis*, vielfarbige Fähnchen, die bei Hindu-Zeremonien in die Erde gesteckt werden. Erst wenn die Fähnchen ausgebleicht und zerschlissen sind, werden sie entfernt.

Auf der Veranda trinken wir Rumpunsch und blättern in alten Familienalben. Darin wird der legendäre Mister Biswas auf das reduziert, was er in Wirklichkeit war: ein sorgenvoll blickender Mann in Anzug und Krawatte, nicht besonders anziehend, mit einer Nase, die für sein Gesicht etwas zu dick ist.

»Die Nase habe ich von ihm geerbt«, sagt Kamla. Naipauls Mutter ist so, wie ich sie mir vorgestellt habe: wache dunkle Augen in einem strengen Gesicht, weiße indische Kleider. Ich kann den Duft von

Weihrauch, in den sie gehüllt gewesen sein muß, beinahe riechen.

Dann und wann taucht Naipaul in den Fotoalben auf, während seiner sporadischen Besuche auf Trinidad: ein ernster junger Mann in Hemd und leichter Baumwollhose, flankiert von seinem jüngeren Bruder Shiva, der ebenfalls auf dem Weg zum Schriftsteller war. Später mit seiner englischen Frau Pat, einem blassen, schmalen Wesen in einem einfachen Kleid, das sich zwischen den prächtig herausgeputzten indischen Frauen nicht ganz wohl zu fühlen scheint.

Das letzte gemeinsame Foto von Vidia und Shiva wurde gemacht, als vor sechs Jahren ihre Schwester Sati starb. Sie stehen unbehaglich mitten auf der Straße vor dem Queen's Royal College, wo sie beide zur Schule gingen. Shiva, als junger Mann lang und schlank, ist auf dem Foto dick und zeigt den Ansatz einer Glatze. Nicht einmal ein Jahr später starb er in London an einer Herzattacke. »Die zwei Todesfälle nacheinander haben Vidia schwer mitgenommen«, sagt Kamla. Sie will noch etwas hinzufügen, scheint sich jedoch zusammenzureißen. Prüfend schaut sie mich an. »*Should I be telling you this?*«

Etwas in ihr gebietet ihr zu schweigen, das ist mir schon zuvor aufgefallen. Ich verstehe ihre Zurückhaltung. Obwohl Naipaul viel über sich selbst geschrieben hat, ist er dafür bekannt, daß er seine Privatsphäre abschottet. In Interviews ist er oft störrisch, und nicht selten bricht er sie vorzeitig ab. Es ist eine der Empfindlichkeiten, die ihn begleiteten, als er aus Trinidad wegging, eine »rawness of nerves«, wie er irgendwo schreibt.

Schweigend blättere ich weiter, weil ich Angst habe, in diesem delikaten Moment etwas Verkehrtes zu sagen. Auf einem Foto, das nach Shivas Begräbnis gemacht wurde, hat Naipaul seine Arme um dessen einzigen Sohn gelegt. Es ist die zärtliche, beschirmende Geste eines Mannes, der ohne Rücksicht auf sich selbst seine Verantwortlichkeit für die Familie auf sich zu nehmen scheint.

»Warte mal, ich glaube, daß ich noch etwas habe.« Kamla geht ins Haus und durchsucht auf ihren Knien die Stapel von Alben im Wandschrank. Sie kommt mit einer Mappe zurück, die Naipaul zusammengestellt hat: Kopien von Briefen, die ihm der kleine Shiva aus Trinidad schickte, als er in England studierte. In einem der Briefe müssen die Vorwürfe über Naipauls Abwesenheit während der Krankheit seines Vaters stehen. Ich blättere sie durch und traue mich nicht, sie zu lesen – allmählich geht das Gekritzel in eine regelmäßigere Handschrift über.

Das Andenken ist ein bewegendes Beispiel für Naipauls Ehrfurcht vor dem geschriebenen Wort, die ihm half, der Dunkelheit seiner Jugend zu entkommen. Gleichzeitig hat es etwas Krampfhaftes – eine Geste, die in dieser Umgebung nur auf Unverständnis stoßen kann. Kamla holte die Mappe aus demselben Schrank, in dem eine unvollständige Sammlung von Vidias und Shivas Büchern steht. Manche haben braune Stockflecken und riechen modrig, wie eben Bücher in den Tropen zu riechen beginnen, wenn sie zu lange nicht in die Hand genommen wurden.

»Du hättest einen Rock anziehen müssen«, sagt Kim, »Naipaul mag keine Frauen in Hosen.«

»Ich sehe tadellos aus, schau doch seine Nichten an, die tragen sogar Shorts!«

»Ja, aber von seiner Familie läßt er sich Dinge gefallen, die er bei Außenstehenden nicht akzeptiert.«

Wir fahren nach Charlieville, denselben Weg, den ich bereits mit Kamla gefahren bin. Beim zweiten Viadukt nach links, hat Naipaul gesagt. Vielleicht hätte ich doch einen Rock anziehen sollen. Doch als ich Kim anschaue, sehe ich, daß er grinst. »Ich hab dich bloß aufgezogen.«

Kim schreibt ein Buch über die Geschichte von Trinidad. Er kennt Naipauls Werk gut, stundenlang haben wir uns die letzten Tage darüber unterhalten. Ich bin froh, daß er mich begleitet, denn meine Hände sind schweißnaß.

»Vidia hat die Phantasie von seinem Vater, die Härte von seiner Mutter«, sagte Kamla. Die Härte – die macht mir angst.

Seine Stimme am Telefon klang streng. Er wollte wissen, was ich bisher unternommen habe. Als ich ihm von meinem Besuch in der Universität erzählte, sagte er, daß er die nicht kenne, daß ich nicht vergessen dürfe, daß er vierzig Jahre nicht mehr hier gewesen sei. Und das, obwohl ich gerade einen Artikel über ein Treffen mit Studenten gelesen hatte – er nannte ihre Fragen »frivol« und »trivial« – und obwohl er mehr als einmal in der Westindien-Abteilung der Universitätsbibliothek gesehen worden war!

»Ich verstehe das nicht: Warum sagt er so etwas?«

Kim zuckt die Achseln. »Vielleicht paßt es nicht in das Bild, das er von sich hat.« Er schlägt mit den Fingern den Takt auf dem Lenkrad. »Weißt du, was passiert, wenn du lange Zeit eine Maske trägst? Dein Gesicht paßt sich ihr an.«

Wir sind zu früh, halten bei einem Rum-Shop kurz vor Kamlas Haus, nicht mehr als eine Nische in der Mauer, mit wackligen kleinen Tischen und der Aussicht auf ein hölzernes Klo. Die Männer, die hier zechen, schauen uns mit schrägen Blicken an.

»Was ist, wenn er mich nach fünfzehn Minuten vor die Tür setzt?«

»Versuch, das Gespräch auf eine Stunde auszudehnen. Eine Stunde, da kannst du bereits darüber schreiben.« Und mit diesem Rat setzt mich Kim auf dem Sandweg neben Kamlas Haus ab.

Ein schmaler Mann löst sich aus dem Schatten der Veranda. Er trägt einen grünen Pulli und eine beige Baumwollhose, hat kleine Hände mit kurzgeschnittenen Nägeln, eine dunkle, zarte Haut. Er ist so anders, als ich ihn von Fotos neueren Datums kenne, so viel entspannter, daß ich spontan sage: »Sie sehen gut aus!« Er lächelt. »Und warum sollte ich nicht gut aussehen?«

Kamla hat auf der Veranda für uns Tee und Ananas bereitgestellt. Da werden wir sitzen, bis die jäh einbrechende Dunkelheit – die Stunde der Mücken – uns ins Haus treibt, wo Kamla mit dem Schmücken des Weihnachtsbaums beschäftigt ist. Die Filzsocken, die sie aufhängt, werden leer bleiben, denn die Nichten und Neffen, für die sie bestimmt sind, leben im Ausland – es ist ein Ritual geworden, das seine ursprüngliche Bedeutung verloren hat.

Am Anfang ist Naipaul zugeknöpft und leicht erregt. Das Spiel muß nach seinen Regeln ablaufen, er entwickelt großes Geschick darin, immer neue Hindernisse aufzubauen. Aber dahinter spüre ich allmählich eine Langmut, eine Bereitschaft, mir entgegenzukommen.

Auf seinen Wunsch hin habe ich keinen Kassettenrecorder mitgenommen. Nach einiger Zeit bekenne ich, daß ich es ohne Recorder nicht schaffe. »*Oh, you just want to chat*«, sagt er sarkastisch, steht auf, läuft durch das Haus, klein, grüblerisch, verschwindet im Zimmer von Kamlas vierundzwanzigjähriger Tochter Roshni und kommt mit einem Ghettoblaster zurück, den er wie einen verseuchten Gegenstand vor sich her trägt.

Doch als er wirklich zu erzählen beginnt, vergebe ich ihm alles. Gegen sich selbst ist er genauso hart, er besitzt eine beinahe schmerzhafte Fähigkeit, seine Unzulänglichkeiten zu sezieren. Und zugleich ist er voller Rätsel und Komplexe geblieben – ein Mann, der gegen seine Grenzen ankämpft und dem das nicht immer gelingt.

Er ist in der Karibik, um sich einen neuen Überblick über die Landschaft seines ersten Reisebuches *Auf der Sklavenroute* zu verschaffen. »Man kommt hin und wieder hierher zurück, um etwas Neues zu sehen«, sagt er. In Guayana wollte er den marxistisch-leninistischen Oppositionsführer Cheddi Jagan fragen, wie es sei, wenn man am Ende seines Lebens durch seine Bundesgenossen in Osteuropa in Stich gelassen werde. Die Frage erschien ihm vor seiner Abreise aus London so einfach, aber bei all seinen Gesprächen mit Jagan bekam er darauf keine Antwort. »Es war zu schwer für ihn. Es wäre das gleiche, wie zugeben zu müssen, daß du vor dreißig Jahren die falsche Frau geheiratet hast.«

Jagans Tragödie brachte ihn nächtelang um den Schlaf. In *Auf der Sklavenroute* schilderte er ihn mit Anteilnahme, inzwischen empfindet er eine Mischung aus Sympathie, Wut und Melancholie. Er war ein schlechter Führer, er machte sein Land kaputt.

In Trinidad wollte er den Prozeß gegen den islamitischen Putschisten Abu Bakr erleben, doch der ist verschoben worden. »Ach, ich glaube nicht, daß ich etwas Neues gehört hätte«, meint er, »ich kenne das alles nur zu gut.« Seit er von hier wegging, haben viele vernünftige Menschen die Insel verlassen, und den Zurückgebliebenen wurde das Geld für das Öl praktisch nachgeworfen. Materieller Wohlstand wird heutzutage daran gemessen, wie oft man sich in der Woche besaufen kann, und an der Lautstärke, die die Stereoanlage hergibt.

Port of Spain meidet er, doch auch in Charlieville sind die Dezibel auf dem Vormarsch. Alle die Rum-Shops – in der Nacht kommt man sich vor wie auf einem Popfestival. Calypso, Steelbands, Karneval – er haßt das alles. »Ich habe in meinem ganzen Leben kein einziges Mal getanzt«, sagt er.

Ich kann ein Lächeln nicht unterdrücken. Sandra, die im Außenministerium arbeitet und Naipaul betreute, als er in diesem Frühjahr das *Trinity Cross* – den höchsten Orden der Insel – bekam, hat mich gewarnt. Im Ausland tut jeder so, als ob Naipaul ein Engländer sei, sagte sie, aber für sie ist er ein typischer *Indosachse*, ein indischer Vertreter der Generation, die in der Zeit aufwuchs, in der Trinidad noch englische Kronkolonie war. Bei einem Empfang, den

Präsident Robinson für Naipaul gab, sah sie die beiden herumalbern. Es stellte sich heraus, daß sie zur selben Zeit in Oxford studiert hatten! »Über die Jungs weiß ich Bescheid«, sagte sie. Im Queen's Royal College hatten sie gelernt, daß England das Zentrum der Welt sei, in Oxford verpaßten sie sich einen neuen Akzent. Sie halten auf Ordnung und Korrektheit und klagen über die Verwilderung, der die Insel nach dem Abzug der Engländer anheimgefallen ist.

»*Or do you find all that music jolly*«, unterbricht Naipauls Stimme meine Gedanken. Inzwischen jagen die Hunde seiner Nichte Roshni wie verrückt kläffend hinter ihrem abfahrenden Auto her, und ein Pritschenwagen mit einem schmetternden Megaphon fährt durch die Straße. Er schaut mich gequält an. »Na bitte! Der Lärm hört nie auf. Für mich ist es eine Tortur, aber hier kennen sie nichts Schöneres. *They don't work with the mind.*«

Nach einiger Zeit beginne ich zu verstehen und mitzufühlen. *Indosachse*, machte es sich Sandra damit nicht zu einfach? Auf Sinnesorgane wie die seinen muß all die Ausgelassenheit ein grobschlächtiger Anschlag sein. Während wir reden, registriert er alles im Detail: die Hunde, die auf dem Grundstück hinter einer Eidechse her sind, den Kolibri, der zwischen den dicken grünen Blättern eines wilden Bananenbaums davonschwirrt. In seiner Gegenwart bekommen die anonymen tropischen Bäume um die Veranda einer nach dem anderen einen Namen: der Cashewbaum am Rand des offenen Feldes, der Mangobaum, der Flamboyant – so daß bei unserer nächsten Begegnung die Landschaft für mich übersichtlich sein wird. Dann erst höre ich die schrillen Schreie aus dem angrenzenden Haus.

»Was ist das für ein Tier?«

»Oh, das ist der Papagei der Nachbarn«, beruhigt mich Kamla. Unter dem Vordach sehe ich ihn auf seiner Stange sitzen: Er hat einen langen blauen Schwanz.

»Aber es leben da auch noch andere Tiere«, sagt Naipaul, der mit grimmigem Ausdruck ebenfalls hinüber späht, »Tiere ohne blauen Schwanz.«

Er war sechs, als er die erste schriftstellerische Beobachtung machte. Er erinnert sich haargenau daran. Es war an einem Wochenende, sein Grundschullehrer zog um, er schob einen Handkarren mit seiner Habe durch die Hauptstraße von Chaguanas vor sich her. Als Naipauls Vater ihn darauf ansprach, sagte der Mann: »Statt den Umzug durch Möbelpacker besorgen zu lassen, dachte ich: Das kann ich auch selber.« Möbelpacker, als ob er das Geld hätte, um die zu bezahlen! Das Kind dachte: So verhalten sich arme Menschen, und empfand Trauer.

Wenig später übersiedelten sie nach Port of Spain, wo sein Vater als Journalist arbeitete. In Chaguanas hatten sie in einer übersichtlichen indischen Welt gelebt, in Port of Spain gerieten sie in einen karibischen Schmelztiegel aus Schwarzen, Chinesen und Kreolen. Es war Naipauls erster Schritt in die Welt.

Sein eigenwilliger Blick auf die Dinge ist bereits in seinem frühesten Werk gegenwärtig. Der kleine Junge in *Blaue Karren im Calypsoland* sieht alles und berichtet darüber mit der Verwunderung eines Außenstehenden, als ob er nicht in die Straße gehöre, in der er gelandet ist.

»Meine Beobachtungsfähigkeit ist ein Familienerbe«, sagt Naipaul, »es fiel mir erst vor kurzem bei meiner Schwester Savi auf. Sie beschrieb einen dicken indischen Mann auf die Art, in der es ein Schriftsteller tun würde: die Weichheit seiner Haut, das Fett, das schlaff herunterhängt. Intensive Beobachtung, das haben wir von unserem Vater geerbt. Wenn ich Menschen begegne, sehe ich sofort ihre Schwächen: Niedertracht, Ungehobeltheit, Eitelkeit, immer zuerst die schlechten Seiten.«

Weil er aus einer Familie von Pandits stammte, wurde er als Kind von allen mit Respekt behandelt. »Ich hatte immer das Gefühl, beschützt zu sein, bestimmt für wichtige Dinge. Es lag schon in meinem Namen: *Vidiadhar* bedeutet *Spender von Weisheit* – als ob das meine Funktion werden müsse. Ich war mir dessen bewußt, es gab mir inmitten der kolonialen Trostlosigkeit und Armut, in der wir lebten, ein enormes Selbstvertrauen.«

Sein Ehrgeiz, Schriftsteller zu werden, kam von seinem Vater. Kamla erzählte mir, daß ihr Vater vorlas – *Oliver Twist*, *David Copperfield* –, aber auch seine eigenen Geschichten. Sie schlief dabei immer ein, doch Vidia hörte gebannt zu. Viele Geschichten, die ihr Vater schrieb, blieben unvollendet – es gab keine literarische Tradition auf der Insel.

Bereits in früher Jugend dämmerte Naipaul die Erkenntnis, daß er weg müsse, wenn er der Tragik seines Vaters entgehen wolle. Drei Stipendien der Kolonialregierung standen für Schüler aus Trinidad zur Verfügung. »Kannst du dir vorstellen, welchen

Druck das bedeutete? Es ist so, wie wenn in den Niederlanden pro Jahr vierzig Leute an der Universität studieren dürften.«

Aber er schaffte es. Andere gingen weg, um Jura oder Medizin zu studieren, Fächer, die ihnen garantierten, daß sie später auf der Insel eine hohe Position bekleiden konnten. Er entschied sich für englische Literatur, ein Studium, das den Weg zurück definitiv unmöglich machte.

Mit wie viel Spannung und Erwartung hatte er seiner neuen Heimat entgegengesehen. Und dann war er in Oxford, im August, während die Vorlesungen erst im Oktober begannen. Die Schwierigkeit, die Tage zu füllen! »Ich begann die Einsamkeit zu empfinden, die man erfährt, wenn man das erste Mal reist. Wie lernst du Menschen kennen, wenn du an einen neuen Ort kommst? Ich bin jetzt beinahe sechzig und habe darin inzwischen eine gewisse Fertigkeit entwickelt. Aber wenn einer achtzehn ist, weiß er das nicht.« Er spricht häufig in der dritten Person über sich. *Oxonian* – eine Usance, die aus der englischen Upperclass stammt.

Meine Fragen über die Anfangsperiode in Oxford irritieren ihn. Warum wolle ich wissen, ob dort keine anderen Westinder waren? Das Land, in dem er sich befand, war England, nicht Westindien. »Wenn du das nicht begreifst, begreifst du den Rest auch nicht.« Oxford war kein typischer Campus, es bestand eher aus einer Reihe von Hotels. Die Semester waren sehr kurz. Dann kamen die Ferien. Wenn man keine Verwandten hatte, saß man, ehe man sich's versah, wieder in seinem Zimmer, allein.

»Ich kann nicht beschreiben, wie schwer das war.

Ich glaube nicht, daß du es verstehen kannst. Man genest niemals ganz von der Isolation, der Einsamkeit jener Jahre. Mangel an Erfahrung, Mangel an Geld, soziale und sexuelle Unbeholfenheit. Und auch die Erkenntnis, glaube ich, daß es lange dauern würde, bevor ich mit dem Schreiben anfangen könne. Es ist eine düstere Periode in meinem Leben, die noch nicht untersucht ist, ein Thema für ein Buch. Ich will in den kommenden Jahren etwas damit anfangen. Wenn ich darüber schreibe, kann ich es vielleicht bannen.«

Einen Teil der Briefe, die er damals an seine Familie schrieb, will er nach England mitnehmen. Er befürchtet, daß sie nicht aufrichtig sind – vielleicht stellte er die Dinge in günstigerem Licht dar, als sie in Wirklichkeit waren. Er hofft, daß er die Angst, sie wieder zu lesen, überwinden kann.

Als er vorige Woche in Guayana war, mußte er wieder an jene Zeit zurückdenken. Cheddi Jagan war 1936 in die USA gegangen, um zu studieren. Wie war es für ihn, nach sieben Jahren der Isolation und Entwurzelung wieder in Guayana zu sein? »Vielleicht war Jagan nicht so ausgerüstet wie ich«, sagt er unschlüssig. »Seine Familie war entsetzlich arm. Ich hatte eine gute Ausbildung hinter mir, ich hatte eine schriftstellerische Berufung, das hatte er beides nicht.«

Ich fange an, seine Irritation über meine anfänglichen Fragen zu verstehen. Als er in England ankam, war sein Blick nach vorne gerichtet, er wollte nicht in der Vergangenheit hängenbleiben. Cheddi Jagan kam nach Guayana mit einer geborgten marxistisch-leninistischen Doktrin zurück – er dagegen lehnte eine so simple Lösung ab.

Durch und durch kolonisierte Menschen sind nicht sie selbst, sagt er, sie leben in Träumen, die ihnen von anderen aufoktroyiert worden sind, sie können selbst ihren intimsten Gefühlsregungen nicht vertrauen. Er führt ein Zitat von Thomas Mann über die Kinder Israels an, die selbst der Bitterkeit nicht vertrauten, die sie angesichts ihrer Sklaverei empfanden.

Davon handelt sein Buch *Herr und Sklave (The Mimic Men),* von der Konfusion, in der Menschen in postkolonialen Gesellschaften leben. Ralph Singh, der nach seinem Studium in England in die Karibik zurückkehrt, wird hoffnungslos in Rassengegensätze, Korruption und politische Intrigen verstrickt. Damals wurde das Buch hier nicht verstanden, doch von Kamla hört er, daß es wieder gelesen wird und daß *mimic men* in bestimmten Kreisen auf Trinidad sogar ein geflügeltes Wort geworden ist.

Während Naipaul erzählt, drängt sich mir der Gedanke an Sandra auf. Auch sie studierte im Ausland, in Belgien und England. Die Belgier fand sie undurchschaubar, und schon bald tauchte sie in der afrikanischen Gemeinde von Brüssel unter. In London verkehrte sie hauptsächlich mit Westindern. Die Rückkehr nach Trinidad war danach kein so großer Schritt mehr. Ihr Studium gab ihr automatisch das Recht auf eine Stellung im Ministerium, und seither gehört sie der privilegierten Klasse auf der Insel an. Sie ist etwa fünfunddreißig, eine kleine Frau mit Kraushaar und einer Christian-Dior-Brille, die so groß ist, daß sie ihr ständig auf die Nasenspitze herunterrutscht. Sie wohnt im Flagstaff-Estate, einem weitläufigen, bewachten staatseigenen Gebäudekomplex für Minister und hohe Beamte direkt gegenüber meiner neuen Unterkunft. Als ich sie dort eines Mittags besuchte, saß sie auf dem Boden und schaute sich eine Seifenoper an, eine Dose mit Erdnüssen neben sich. Ich brauche nicht zu versuchen, um diese Stunde jemanden zu erreichen, sagte sie: Ganz Port of Spain sitze vor dem Fernseher. Sie selbst hatte sich einige Wochen frei genommen, sie hatte da ein Geschäft auf Tobago im Auge, die Vermietung von Villen an Touristen und Bootsfahrten rund um die Insel, etwas in der Art.

Indosachse, sie sprach es lachend aus, wie etwas aus der Vergangenheit, wofür in der neuen Wirklichkeit auf der Insel kein Platz mehr sei. Natürlich habe Naipaul oft recht, gab sie zu, doch seine Landsleute hörten es nicht gerne und fanden es vor allem unerfreulich, daß er es drüben, in England, verkündete!

Wieder lachte sie, dann wanderten ihre Augen von mir wieder zu der Seifenoper im Fernseher. Die afrikanischen Skulpturen auf dem Schrank, die Stereoanlage auf dem Boden, der Mercedes in der Garage, die Wächter am Eingang in der Ferne – und als Tüpfelchen auf dem i die Seifenoper um die Mittagsstunde. Während ich Naipaul zuhöre, verliert die Szene ihre Unschuld. *Mimic men*, das ist ein Thema, das er mir an diesem Tag nahebringt und das mir während meines ganzen Aufenthalts auf Trinidad im Kopf herumspuken wird.

Wie viele Studenten gab es, die ihr Studium abbrachen, weil in ihrem Heimatland ihr Vater starb, weil sie der älteste Sohn waren und die Familie sie brauchte? Als sein Vater starb, kehrte Naipaul nicht nach Trinidad zurück. Fühlte er sich schuldig? Naipaul schüttelt heftig den Kopf.

»Nein, nein. Meine Mutter schrieb mir Briefe über Geldprobleme, aber ich wußte, daß ich sie ignorieren müsse. Es hätte nichts bewirkt, wenn ich zurückgekommen wäre, ich hatte keinen Beruf, das einzige, was ich hätte tun können, war, eine Stelle als Lehrer anzunehmen. Es war ein sehr schwieriger Moment in meinem Leben, du hattest Kummer, doch du hattest nichts zu bieten, denn dein Talent war noch unentwickelt. Ich hatte einen langen Weg vor mir, ich mußte mein Thema noch finden.«

Kurz darauf begann er zu schreiben. Über Trinidad. Er hatte ein phantastisches Gedächtnis, entdeckte er, er konnte alles zurückspulen wie einen Film: Er sah, wie der Regen fiel, wie sich der Himmel in den Pfützen spiegelte, er sah die Gesichter von Leuten, versuchte Ereignissen ihre Bedeutung zu entlocken. Nur vom Rhythmus der Jahreszeiten hatte er keine Ahnung. Wie hoch war das Zuckerrohr zu Weihnachten? Das mußte er Kamla in einem Brief fragen.

»Schreiben wurde wie das Betreten eines Gartens, ich konnte da meinen Schmerz vergessen. Eines meiner komischsten Bücher wurde in einer Periode großer Trostlosigkeit geschrieben. Es war 1956, ich war das erste Mal wieder auf Trinidad. Mein Buch *Blaue Karren im Calypsoland* hätte in diesem Herbst erscheinen sollen, aber das war nicht geschehen. Ich war wütend und maßlos traurig. Die kalte winterliche Überfahrt zurück nach England: kein Buch, das mich dort erwartete, ich war verzweifelt, rastlos. Und da schrieb ich *Wahlkampf auf karibisch*, über die Wahlen, die ich in Trinidad erlebt hatte. Es ist voller witziger Dialoge – und ich weine, ich blute!

Die Menschen haben vergessen, wie die Welt vor dreißig Jahren aussah. Niemand war an dem interessiert, was ich schrieb, Romane handelten von anderen Dingen. Es reichte nicht aus, schlichtweg gut zu schreiben, ich mußte mich immer mehr anstrengen als ein Franzose, der in Frankreich für Franzosen schrieb, oder ein Amerikaner in Amerika. *One didn't come to the scene in a welcoming world.*«

Ein Haus für Mister Biswas, sein viertes Buch, wurde sofort als Meisterwerk erkannt, doch für Naipaul brach eine neue Periode der Angst an: Er hatte das Gefühl, daß er am Ende der Welt angekommen sei, daß sein Material – seine Kinderjahre auf Trinidad – ausgeschöpft sei, daß er nicht imstande sein werde, ein weiteres Buch zu schreiben.

Für viele Schriftsteller mit einer vergleichbaren Provenienz war das in der Tat ein Endpunkt: Sie schrieben vielleicht noch ein Buch über ihre Erfahrungen in England, und dann war es aus, ihre Vergangenheit erforscht, der Weg zu neuem Material abgeschnitten.

Auch Naipaul schrieb darauf einen Roman über England. Er schlägt in seinem Œuvre aus der Art, ein Buch, das sich wie ein ungeöltes Scharnier zwischen seinem früheren und späteren Werk befindet. Der Schauplatz ist London, die Hauptfigur ein englischer Beamter, der, bevor er in Pension geht, noch etwas von Bedeutung vollbringen will.

»Nachdem ich *Mr. Stone and the Knights Companion* geschrieben hatte, wußte ich, daß ich weitermachen könne. Die Erregung, wieder eine Geschichte zum

Leben erwachen zu sehen! Doch im nachhinein erkenne ich die Fehler. Sie war nicht prall genug, ich hätte stärker die Krallen zeigen müssen. Mr. Stone war in Wirklichkeit ein Niederländer, in dessen Haus ich eine Etage gemietet hatte. Seine englische Frau hatte vor dem Krieg in Ostindien gelebt. Ich hätte mich als die Person ausweisen müssen, die oben wohnte, das hätte dem Material mehr Schärfe und Ehrlichkeit gegeben. Aber ich versuchte, den Beobachter herauszuhalten. Man verfügte eben noch nicht vollständig über die Fähigkeit, eine Gesellschaft außerhalb seiner eigenen zu analysieren.«

Er schaut mich durch seine spiegelnden Brillengläser an. »Es tut mir leid um das Material, das ich dadurch vergeudet habe. Es bereitet mir so viele Probleme, daß ich es fast aus meiner Erinnerung verdrängen möchte. Seit diesem Buch habe ich immer versucht, mich mit dem, was ich schreibe, in direkte Beziehung zu setzen.«

Die Stunde der Mücken ist angebrochen – in der Ferne läutet anhaltendes Reggae-Gedröhn den Abend ein. »Wollen wir aufhören?« Naipaul ist aufgestanden und schaut über das Feld hinter Kamlas Haus.

»Ein Teil des Grundes gehört mir, ich könnte darauf ein Haus bauen.«

»Ziehen Sie das in Erwägung?«

»Ich weiß es nicht. Wenn man achtundfünfzig ist, macht man keine Pläne mehr.« Er steht neben mir, klein, plötzlich verwundbar. »Für dich ist das anders, du hast noch zwanzig schöne Jahre vor dir.« Dann dreht er sich abrupt um. »Wollen wir hineingehen?«

Am Küchentisch sehe ich, wie er sich verändert. Kommt es von der plötzlichen Helligkeit, der Nähe von Kamla und Roshni, dem Rumpunsch mit Muskat, den er für alle eingeschenkt hat? Der Ernst fällt schlagartig von ihm ab, er kriegt etwas Jungenhaftes und Spitzbübisches.

»Hört mal, was ich in Guayana erlebt habe!« Er wurde von einem wichtigen indischen Politiker zum Essen eingeladen. Mit theatralischen Gesten beschreibt er das Interieur des Hauses: erdbeerfarbene, grüne und weiße Wände, Plastikvorhänge, die gegen die offenen Fenster schlugen, an der Wand ein Foto des Gastgebers, umkränzt von flackernder Weihnachtsbeleuchtung. Dann wurde serviert. Nicht nur drei Schüsseln – was ausgereicht hätte –, sondern eine Unmenge, ein ganzer Tisch voll! Mit beiden Händen stellt er imaginäre Schüsseln vor sich auf den Tisch, dicht nebeneinander. Ein derartiger Überfluß, während es in diesem Land an allem fehlt! Vor seiner Abreise gab er dem Hotelpersonal pro Person einen Dollar in einem Luftpostkuvert – normale Briefumschläge waren nicht aufzutreiben. Neun Umschläge mit nur einem Dollar, sie standen an, um sie in Empfang zu nehmen, er kam sich vor wie ein richtiger Weihnachtsmann!

»Die Geschichten über Guayana deprimieren mich«, unterbricht ihn Kamla, »ich finde sie überhaupt nicht komisch.«

»Oh, that scene works on me«, lacht er aufgezogen, voll auf Touren. »Ich weiß, daß ich damit etwas anfangen werde.«

Während ich ihn anschaue, den besorgten Tonfall, in dem er vorher über Guayana gesprochen hat, noch in den Ohren, zeichnet sich das Bild immer deutlicher ab. So habe ich ihn noch nicht erlebt, so scharf und auch so bitter – so kenne ich ihn nur aus seinen Büchern.

Als die Festlichkeiten der nächsten Tage zur Sprache kommen, ruft er: »Ich werde mich verstecken, daß ihr's wißt, ich tue so, als ob ich nicht da bin!«

Kamla wirft mir einen vielsagenden Blick zu: »Mach dir keine Sorgen, er hat seine Familie nur allzu gern um sich.«

Doch Naipaul gibt sich nicht geschlagen. Er schlägt vor, unser Gespräch am ersten Weihnachtstag fortzusetzen. »Morgens, ja, das scheint mir ausgezeichnet«, strahlt er, während er aus dem Augenwinkel Kamla beobachtet.

»*Now let's talk some sense here*«, sagt die alarmiert, »da sind wir zum Frühstück bei Savi eingeladen.«

»Savi? Aber mit der sind wir doch schon am Weihnachtsabend zusammen?«

Am zweiten Weihnachtsfeiertag geht es auf Kamlas Veranda hoch her. Naipauls Schwester Savi ist mit ihrem Mann und ihren Kindern da, die aus Kanada herübergeflogen sind, die Nichte Paula, die auf Barbados lebt, Roshni, die morgen nach Hawaii abreist, um weiter zu studieren. *Onkel Vido*, wie Naipaul hier genannt wird, sitzt in einem roten T-Shirt und beiger Hose zwischen ihnen, sein Blick ist eine Mischung aus In-Sich-Gekehrtheit und Interesse. »Wie gehen die Geschäfte?« fragt er einen angeheirateten Neffen. »Geht's gut auf Barbados, Paula?«

Paulas Mutter verkaufte früher Marihuana, erzählt er – das rauchten die Inder, wenn sie von der Arbeit auf den Zuckerplantagen nach Hause kamen. Was ihn betrifft, viel besser als das viele Trinken. »Inder vertragen keinen Alkohol. Wenn ich das sage, heißen sie mich einen Rassisten, aber es ist die schlichte Wahrheit.«

Kamla erscheint in der Tür, eine Plastikschürze umgebunden, mit Schweißperlen auf der Stirn. Das Essen ist fertig. »Wein durfte ich nicht einkaufen, du weißt schon, wer dahintersteckt.« Sie wirft einen raschen Blick auf ihren Bruder. »Er sagt, daß der Wein hier nichts taugt.«

In der Küche bedient sich einer nach dem anderen am kalten Büfett. Das hier sind die Protagonisten aus *Ein Haus für Mister Biswas*, ein halbes Jahrhundert danach. Die indische Großfamilie ist explodiert, aus der Abgeschlossenheit des Löwenhauses sind sie in alle Richtungen ausgeschwärmt. Die junge Generation ist ziemlich kreolisiert. Savis Sohn redet über eine Steelband, die heute nachmittag im Fernsehen auftritt, seine Schwester hat ein Karnevalskostüm vom Modell *Bushfire* bestellt. In den Karnevalsbands spielen heute auch Inder, sagt sie, auf indischen Instrumenten.

Naipaul scheint leicht verdrossen. In Guayana traf er letzte Woche den niederländischen Botschafter, der ihn fragte, ob er nicht nach Surinam kommen wolle. »Nein, besten Dank, ich traue dem Militär nicht über den Weg«, sagte er. Der Mann beteuerte ihm, daß alles ruhig sei. Und heute morgen stellt sich heraus, daß wieder ein Militärputsch verübt worden ist! »Siehst du, wie schlecht die Botschafter informiert sind?«

Bei Tisch erzählt Kamlas älteste Tochter über einen Freund, der in Montreal lebt. Sein Vater fürchtet einen Golfkrieg und hat ihn aufgefordert, nach Trinidad zurückzukommen.

Naipaul spitzt die Ohren. »Zurück nach Trinidad? Warum?«

»Er glaubt, daß es hier sicherer ist. Wenn sie chemische Waffen einsetzen oder etwas in der Art...«

»Merkwürdig, dieser Mann hat sein ganzes Leben gearbeitet, um seine Kinder in Kanada studieren lassen zu können, und nun will er sie nach Trinidad zurückholen? Weil es hier sicherer ist?« Ich sehe ein maliziöses Lächeln über Naipauls Gesicht huschen. »Hier ist es sicherer, jawohl: ein Putschversuch eines islamitischen Halbirren auf Trinidad, die Machtergreifung durch die Militärs in Surinam, alles Lokalangelegenheiten, nichts im Busch...« Aufgebracht schlingt er die Krabben auf seinem Teller hinunter.

»Der Mann interessiert mich«, sagt er, »erzähl mir mehr über ihn. Wie alt ist er?«

»Um die Achtzig, schätze ich«, sagt Kamlas Tochter unsicher.

»Und was hat er in seinem Leben getan?«

»Ich glaube, er ist Kaufmann.«

»Hmmm ... Meinst du, daß er lesen und schreiben kann?«

So funktioniert das bei ihm, schießt es mir durch den Kopf, mit ein paar treffsicheren Seitenhieben hat er den Mann ausmanövriert, seine Besorgnis lächerlich gemacht. Nun lächelt er mich an, seine Augen funkeln. Die anderen reden schon wieder über andere Dinge.

»Schau nur, was da draußen los ist«, Naipaul späht durch die offene Tür auf die Veranda, wo die anderen beim Essen sitzen. Mir fällt nichts Besonderes auf – es ist ein chaotisches Durcheinander wie immer bei Familientreffen.

»Hörst du es nicht? Paß mal gut auf.«

»Und worauf?«

»Alle reden, aber niemand hört zu.«

Er hat recht.

»Ich bin ein Zuhörer«, sagt er, »und du, was bist du?«

»Komm, wir machen eine Spazierfahrt.« Diese Art von Beschlüssen faßt Naipaul schnell und ohne zu zögern. Der Himmel ist grau und schwer, es wird sicher regnen, aber das scheint ihn nicht zu kümmern. »Er will sich verstecken«, meint Roshni mit einem vielsagenden Blick in Richtung der Familie auf der Veranda. Naipaul hat seine Sonnenbrille und seinen Hut aus weichem Leder bereits in der Hand. Gran Couva, hat er sich ausgedacht: eine kurze Fahrt ins Landesinnere, eine prachtvolle Landschaft. Roshni hat Agrarwissenschaft studiert, er schätzt es, mit ihr herumzufahren.

»Siehst du das Schild, weißt du, was es bedeutet?« Naipaul sitzt hinten im Auto und sucht die Straße wie ein Adler ab, bereit zum Angriff. *Chicken, pluck and gut* – ich habe die Aushängeschilder schon öfter gesehen. »Sie rupfen die Hühner, während du dabeistehst, das geht heutzutage maschinell, die Federn fliegen in alle Richtungen, und dann holen sie die Eingeweide heraus.« Er zieht ein angewidertes Gesicht – selbst ist er Vegetarier. »Und da für Moslems: *chicken halal*!«

Es hat zu regnen begonnen. Die Autofenster sind im Nu beschlagen, und als Roshni ihr Fenster herunterkurbelt, peitscht das Wasser herein. Naipaul macht das alles nichts aus, er studiert die Bäume, die vorbeigleiten. »Es ist eine künstliche Landschaft«, sagt er, »fast alles ist importiert.« Die Teakbäume kommen aus Birma, die Pinien aus Honduras, die Mangobäume und die wilden Gummibäume aus Indien.

Die Straße ist schmaler geworden, die Landschaft hügeliger, und ehe ich mich's versehe, sind wir von einem dichten Urwald mit wilden Bananenbäumen, knackendem Bambus, hohen Farnen und triefenden Lianen umschlossen. »Das ist meine Lieblingsumgebung«, sagt Naipaul, »eine unordentliche Landschaft, nutzlose Bäume, tiefgrüne Farben.« Wild und unberührt ist es hier, nicht was ich vermutete, als ich in Port of Spain war, und als ob auch das Familientreffen auf Kamlas Veranda in einer anderen Welt stattfinde.

Es beginnt noch heftiger zu regnen. »Geht's, Roshni?« fragt Naipaul, als einer der Scheibenwischer nicht mehr funktioniert. »Was ist, wenn auch der andere den Geist aufgibt?« Seine Stimme klingt besorgt. »Bedauerlich, daß wir nicht in Indien sind, da könnten wir ein Kerlchen mieten, das ihn mit der Hand bedient!« Ich schaue nach hinten – er kichert vor sich hin, das Haar zerzaust, sein Gesicht naß vom Regen.

In dieser Gegend wohnen hauptsächlich Inder, in Häusern auf Pfählen. Dann und wann sehen wir längs der Straße eine kleine Siedlung auftauchen. Ein kleiner Laden, ein Rum-Shop, eine Familie auf einer Veranda, die unser vorbeituckerndes Auto neugierig in Augenschein nimmt. Es sind Nachkommen der Immigranten, die nach der Abschaffung der Sklaverei herkamen, um die Schwarzen zu ersetzen. Sie fühlten sich niemals ganz heimisch in der Karibik, wo sie in einem Meer von Schwarzen eine kleine Minderheit bildeten. Als Lohnarbeiter standen sie auf der untersten Stufe der sozialen Leiter, während sie in ihren Träumen aus einer großen Kultur stammten.

Von England aus machte sich Naipaul schließlich auf die Suche nach dieser indischen Vergangenheit. Doch Indien enttäuschte ihn, der Dreck auf den Straßen erfüllte ihn mit Abscheu, sein Traum von einem Ursprung, der großartiger als Trinidad war, wurde zerstört. Mehr denn je fühlte er sich danach auf sich selbst angewiesen. Aber als Schriftsteller betrachtete er sein erstes Indienbuch als einen Sieg: Nach seinem englischen Roman hatte er einen Sprung zu neuem Material gemacht.

Den eigenwilligen Blick, mit dem der kleine Junge in *Blaue Karren im Calypsoland* die Welt um sich betrachtete, hatte er behalten, und das wurde ihm übelgenommen. Hier sprach ein Mann, der sich weigerte, sich für seine ureigene kolonisierte Welt zu engagieren. Die Linken im Westen warfen ihm eine reaktionäre Sicht vor, in der dritten Welt betrachtete man ihn als Verräter.

»Als ich zu schreiben begann, bemühte ich mich, gewisse politische Klischees wie ›Kolonialismus‹ und ›Imperialismus‹ nicht zu verwenden«, erzählte er mir. »Das hatte ich von meinem Vater: Der sagte immer, daß wir nach innen schauen müßten. In bestimmter Hinsicht ist das sehr indisch. Gandhi war auch so, er bekämpfte nicht nur die Briten, er versuchte, Indien auch von innen zu verändern.«

Im Bücherschrank seines Vaters stand *Hindu Man-*

ners, Customs and Ceremonies des Abbé Dubois, eines französischen Priesters, der im achtzehnten Jahrhundert durch Indien gereist war. Das Buch hatte in Indien wütende Reaktionen hervorgerufen, doch Naipauls Vater war mit dem Autor völlig einer Meinung. Dubois hatte zum Beispiel beobachtet, daß Brahmanen bei religiösen Anlässen so viel aßen, daß sie sich kaum mehr bewegen konnten. »Mein Vater sagte: Wir wissen, daß das wahr ist. Denn sie tun es noch immer! Mit mir machten sie es als Kind an hohen Feiertagen auch: Essen, essen, du mußtest so viel essen, daß es dir die Sprache verschlug. Mein Vater fand, daß wir anderen keine Vorwürfe machen dürften, daß wir selbst verantwortlich seien. Diese Einstellung hat er mir mitgegeben.«

Das Wasser strömt inzwischen in braunen schlammigen Bächen über die Straße, so daß Roshni immer langsamer fährt. Durch die beschlagenen Fenster sehe ich einen großen schwarzen Mann in einer Badehose aus dem Urwald kommen, drei Bambusstangen unter dem Arm. Der Wald, von dem er sich abzeichnet, dampft wie eine Waschküche.

»Afrika«, sage ich, »das ist wie in Afrika.« Also kannte er diese Landschaft, als er nach Afrika reiste. Salim, der Inder aus *An der Biegung des großen Flusses*, den es in eine Stadt im Inneren Afrikas verschlägt – es kann für Naipaul nicht schwer gewesen sein, sich in ihn hineinzuversetzen.

Ich habe Kisangani, die Kulisse des Romans, vor Jahren besucht, in der Hoffnung, Spuren von Salim vorzufinden. Seine Gegenwart flirrte noch wie eine Halluzination in den Straßen, doch niemand konnte mir etwas über ihn erzählen, so daß ich allmählich zu zweifeln begann, ob Naipaul wirklich jemals in Kisangani gewesen sei.

Ich hatte gezögert, ihn danach zu fragen, doch an diesem Nachmittag, während der Geruch des nassen Urwalds im Auto immer durchdringender wird, beginnt Naipaul von sich aus über Afrika zu sprechen. 1965 war er das erste Mal dort. Mit Paul Theroux unternahm er tagelange Touren von Uganda nach Kenia und wieder zurück. Aber erst, als er zehn Jahre später nach Kinshasa kam, fühlte er sich auf vertrautem Terrain. Die Menschen in Zaire erinnerten ihn an die Schwarzen auf Trinidad. Er erkannte sofort das Gespür für Magie, als er ihre Gesichter sah.

Eines Nachmittags ging er in die Universität von Kinshasa, spazierte in einen Vorlesungssaal, stellte sich vor und fragte den Dozenten, ob er mit den Studenten sprechen dürfe. Er war von ihrer Intelligenz beeindruckt. Soviel Klarheit, obwohl sie kulturell von der Außenwelt so weit entfernt waren. »Aber was mich immer verwundert hat, ist, daß die Intelligenz dieser jungen Männer später von der Welt der Magie überflutet wird, daß sie sich nie über eine bestimmte Grenze hinaus entwickeln kann. Wenn man ältere Männer kennenlernte, Politiker, dann konnte man merken, daß auch sie früher einen scharfen Verstand gehabt hatten, aber daß mit ihrem Denkvermögen etwas geschehen war. Ich hörte es von Leuten, die den Präsidenten gekannt hatten, als er noch jung war: Er hatte ihnen damals außerordentlich imponiert. Ich kannte die Magie von Trinidad her, und doch schockierte sie mich. Diese Exzesse! Immer, wenn ich jemanden kennenlernte, mußte ich mir vor Augen halten: Wir sprechen nun als intelligente Menschen miteinander, aber er hat eine andere Seite, er glaubt an Magie.«

Nach drei Wochen in Kinshasa flog er nach Kisangani. Die Reise wurde unvorhergesehen in Mbandaka unterbrochen, der Präsident reklamierte das Flugzeug, weil er sich in Kisangani mit dem Präsidenten von Ruanda treffen wollte. Die unterbrochene Reise, das gekaperte Flugzeug – als er in Kisangani ankam, war er zu Tode erschöpft und irritiert.

Ein indischer Geschäftsmann, der in Kisangani wohnte, holte ihn vom Flugplatz ab. Naipaul fühlte sich sofort zu ihm hingezogen. Der Mann nahm ihn in seine Obhut, brachte ihn in die Stadt, wo sich herausstellte, daß jedes Hotel wegen der Ankunft des Präsidenten ausgebucht war. Endlich landete er im Hotel des Chutes, das in der Zeit der Belgier schön gewesen sein mußte, doch inzwischen gehörte aller Komfort der Vergangenheit an. Ich erinnerte mich an das Hotel: ein gelbliches Gebäude am Strom, zu groß für die heruntergekommene Stadt drum herum.

Während der achtundvierzig Stunden, die er sich in Kisangani aufhielt, fühlte er sich außerordentlich empfänglich, alles blieb an ihm haften wie hauchdünnes Papier. Von dem Augenblick an, als er dem Inder begegnete, betrachtete er alles mit dessen Augen: eines Mannes, der aus dem Osten Afrikas gekommen war und versucht hatte, in dieser Stadt im Inneren des Landes eine Existenz aufzubauen.

Dieser Mann war das Vorbild für Salim. Er hatte eine Geliebte, er zeigte Naipaul ihr Haus. Die Fassade des Hauses genügte als Inspiration – die Frau wurde Yvette. Der Junge, den der Mann unter seine Fittiche genommen hatte, wurde zu Ferdinand. Und dann gab es den Großen Mann, der alle Hotelzimmer in Kisangani belegt hatte, aber dann doch nicht aufkreuzte, dafür aber wie ein Schatten über allen Seiten des Buches lag.

An die Rückbank gelehnt erzählt Naipaul und sein Blick schweift verloren über die verregnete Landschaft. »Dunkelgrüner, dichter Urwald«, wiederholt er murmelnd, »Bambus, Bananen, wilde Bananen. Es ist eine romantische Landschaft, nicht? Eine meiner Romanfiguren träumt davon, auf die alten Tage auf einer verfallenen Kakaoplantage zu leben. In einer solchen Umgebung stellte ich ihn mir vor.«

Er bezieht sich auf Ralph Singh in *Herr und Sklave*. »Aber er tut es nicht«, sage ich, »er landet schließlich wieder in England.«

»Und doch ist es möglich.« Nicht weit von Gran Couva wohnt ein exzentrischer alter Engländer in einem einsamen Holzhaus. Kein Strom, kein Telefon, kein Wasser, Aussicht auf einen Fluß im Tal. Ein Freund hat ihn neulich dorthin mitgenommen. Sie leben zu dritt. Homosexuelle. Er dachte: Hier würde ich gern leben, um fünf Uhr früh aufstehen, schreiben, bis es zu warm wird, einen Spaziergang machen. »Als ich nach Hause kam, sagte ich zu Kamla, daß ich daran denke, das Haus zu kaufen. Sie bekam fast einen Herzanfall!«

Wir sind in der Nähe von Kamlas Haus angelangt. Die Aushängeschilder für gerupfte Hühner tauchen wieder auf, und die Rum-Shops.

»Schau sie dir an, wie sie da herumhocken. Herumhocken und trinken.«

»Und reden«, sage ich, denn das ist mir sehr wohl

aufgefallen – die Männer sind immer lebhaft am Dis-
kutieren.

»Ach was, reden, sie haben nichts im Kopf.«

Ich schaue Roshni an, die während unseres Aus-
flugs auffallend still gewesen ist. »Ist das auch deine
Meinung?«

Sie lacht mysteriös.

»Sie ist froh, daß es jemand an ihrer Stelle sagt«,
fällt Naipaul ein.

Kamla ist in der Küche mit dem Abwasch beschäftigt. »Habt ihr den Sturm mitgekriegt? Meine ganze
Veranda ist voller Laub!«

Naipaul lehnt sich an die Spüle, ein Schokoladeplätzchen im Mund. »Kamla hätte lieber Bäume ohne
Blätter«, sagt er.

In seiner Stimme liegt Zuneigung. Sie sind die
Ältesten; als der Vater starb, übernahm sie die Sorge
für die Familie. Seine Ansprüche gehen ihr manchmal gegen den Strich. »Er ist die ganze Zeit mit Denken beschäftigt, und ich muß mitdenken!« Er be-
stürmt sie mit Fragen: Wer macht mehr Lärm auf
Trinidad, die Schwarzen oder die Inder? Wer liest
wohl am meisten, die Inder, die Schwarzen oder die
Chinesen?

Wenn er die Inselbewohner durch hat, wendet er
seine Aufmerksamkeit ihr zu. Warum bewahrt sie
seine früheren Briefe in einem Schuhkarton auf, sie
sind Geld wert! Warum liegt die Wasserpumpe unbe-
deckt im Garten, muß die nicht geschützt werden?
Wie ist es möglich, daß die Veranda, die erst kürzlich
gebaut wurde, jetzt schon undicht ist?

Neulich schnitt er ein Rezept für *Paimee*, ein süßes,
in Bananenblätter gewickeltes Gericht, aus der Zei-

tung aus. »Im Löwenhaus hatten wir offenes Feuer, auf dem wir es rösteten«, sagt er, »aber was glaubst du, was passiert, wenn du es in den Mikrowellenherd stopfst? Die Bananenblätter platzen, das Paimee schmeckt feucht und matschig.«

»Das schlimmste ist, daß er es jedem, der vorbeikommt, erzählt!« ruft Kamla. Sie wirft mir einen verzweifelten Blick von der Spüle zu. »Kannst du dir vorstellen, wie es hier zugeht, wenn wir allein sind? Dann kabbeln wir wie zwei Kinder.«

Bereits eine halbe Stunde vor der vereinbarten Zeit ist Herr Pooran in seinem grauen Toyota Crown vorgefahren. Aus meinem Fenster sehe ich ihn um das Auto staksen, einen langen spindeldürren Inder in einem lichtblauen Hemd, mit einem Staubtuch bewaffnet, mit dem er bald die Motorhaube, bald die Seitenflächen poliert.

Es ist fast sechs Uhr, die Straße ist noch leer. Die ganze Nacht hat der Regen auf das Wellblechdach des Gartenhäuschens unter meinem Schlafzimmer getrommelt, so laut, daß ich davon wach wurde und befürchtete, daß unser Ausflug nach Matelot an der Nordseite der Insel nicht stattfinden werde. Doch nun beginnt sich der Himmel am Horizont langsam zu röten.

Mit beiden Händen umfaßt Pooran meine ausgestreckte Hand und macht eine kleine Verbeugung. Die Bügelfalten seiner Hose sind wie mit dem Lineal gezogen. Sein tadelloser Aufzug findet im Inneren des Autos seine Entsprechung: Die roten Veloursitze tragen Plastiküberzüge und sogar die Fußmatten sind mit Plastik bespannt.

Als ich während der Fahrt nach Charlieville auf die Christusfigur am Armaturenbrett zeige, beginnt er mir sein Leben zu erzählen, als ob das im Tagespreis inbegriffen sei. Ich kann dem melodiösen Trinidader Dialekt nicht immer ganz folgen, doch die Eckpfeiler zeichnen sich schon bald ab. Er ist siebenundsechzig und kommt aus einer Hindufamilie. In jungen Jahren wurde er Lehrer an einer christlichen Schule und bekehrte sich zum Presbyterianismus, sehr zum Kummer seines Vaters. Ich bin angenehm überrascht, daß der Tag für mich mit dieser naipaulschen Note beginnt – mit einem Echo auf die Geschichte über den bekehrten Schuldirektor in *A Christmas Story*.

»*Good morning, Pooran!*« Beschwingten Schritts kommt Naipaul auf uns zu, und als er Pooran die Hand schüttelt, spüre ich, daß er ihn bereits taxiert, seine Haltung ihm gegenüber festlegt. Selbstsicher steigt er ins Auto und nimmt leicht amüsiert das Interieur in sich auf: die goldenen Ränder der Plastikbezüge, die zusätzlichen Radioknöpfe für den Fahrgast auf dem Rücksitz, die Christusfigur. »Schau nur, was für ein frommer Mann Pooran ist!«

»Das hält mich davon ab, auf die schiefe Bahn zu geraten«, sagt Pooran ernst.

»Aber Pooran, du siehst nicht aus wie ein Mann, der auf die schiefe Bahn geraten könnte!« Naipaul wirft mir einen verschwörerischen Blick zu, wie er es an diesem Tag noch öfter tun wird.

»*Are we air-conditioned?*« Er studiert das Armaturenbrett. »*That's nice.*«

Dann können wir abfahren.

Meine Befürchtung, daß Naipaul sich durch Poorans Gegenwart davon abhalten lassen könnte, offen zu reden, erweist sich als unbegründet. Sofort beginnt er, die letzten Neuigkeiten aus Kamlas Nachbarschaft zu erzählen. Er zeigt auf ein Haus auf Pfählen, in dem unlängst jemand ermordet wurde. Ein Stück weiter hat ein Inder seiner Frau den Schädel eingeschlagen. »Dieser Ort ist voller kleiner Mörder. All diese indischen Männer, stolz nach außen hin, aber im Grunde gewalttätig.«

»*It's a rummy area,* es ist eine versoffene Gegend«, murmelt Pooran.

An der Straße stehen drei schwarze Anhalter. Sie haben Kraushaar, ihre Kleidung ist zerrissen, einer trägt eine Rasta-Mütze. »Die kommen von den kleinen Inseln, glaubst du nicht, Pooran?« Naipaul betrachtet sie akribisch. »Viel wilder als *unsere* Schwarzen«, konstatiert er mißbilligend.

Seit dem Ölboom sind viele Menschen von den benachbarten Inseln wie Grenada und St. Vincent nach Trinidad gekommen, um hier ihr Glück zu versuchen. Die meisten wohnen in Laventille, einem Elendsviertel an der Peripherie von Port of Spain. »Die schwarze Regierung, die wir bis vor einigen Jahren hatten, unternahm nichts dagegen«, sagt Naipaul, »im Gegenteil, sie ermunterte sie, es waren potentielle Stimmen bei den Wahlen.«

Gestern habe ich auf der Karte gesehen, daß wir auf dem Weg nach Matelot in der Nähe von Arima vorbeikommen. Dort gründete Michael de Freitas, auch unter dem Namen Malik bekannt, 1971 eine landwirtschaftliche Kommune, inspiriert durch vage Black

Moslem-Ideale. Davor hatte Malik jahrelang in England gelebt, wo er – außer Zuhälter und Krimineller – auch der Liebling der linken Szene geworden war. Sein Abenteuer in Arima endete auf gräßliche Weise. Gale Benson – ein weißes englisches Groupie, das ein Verhältnis mit einem schwarzen Mitglied der Kommune hatte – wurde ermordet, ebenso Joe Skerritt. Ein dritter Anhänger der Gruppe ertrank unter mysteriösen Umständen. Nach den Morden setzten Malik und die Seinen die Kommune in Brand und flüchteten nach Guayana.

Ich habe *The Killings in Trinidad*, Naipauls Essay über diesen Fall, vor einigen Abenden wieder gelesen. Seit ich ihn kennengelernt habe, hat das Lesen seines Werks einen weiteren angenehmen Aspekt bekommen: Ich höre im Hintergrund seine Stimme.

Während ich las, überfiel mich wieder die Verwirrung jener Jahre. Erinnerungen an Führer der Black Power-Bewegung wie Malcolm X und Eldridge Cleaver vermischten sich mit Figuren wie Charles Manson. Wie Manson hatte auch Malik enge Kontakte zu berühmten Popsängern. John Lennon besuchte ihn sogar höchstpersönlich auf Trinidad.

Ich wuchs im Schatten dieser Ereignisse auf, ich sah die Hauptpersonen im Fernsehen, ich las über sie. Aber ich hatte immer die Vermutung, daß ich mich, wenn ich näher dran gewesen wäre, vielleicht so wie Gale Benson verhalten hätte. Eine junge Frau, voll von Schuldgefühlen darüber, was ihre Vorfahren den Schwarzen angetan hatten, bereit, einen Haufen Unsinn zu schlucken. Gale betete ihren schwarzen Freund Jamal an, er behandelte sie wie einen Putzlumpen.

Gerade als ich las, wie sie in eine Grube gezerrt und mit einem Messer auf sie eingestochen wurde, fiel der Strom in meinem Appartement aus. Ich stellte fest, daß auch die Häuser in der Umgebung im Dunkeln lagen. Ich hatte keine Taschenlampe, nicht einmal Streichhölzer. Die Telefonleitung war tot. Durch den strömenden Regen lief ich zum Haus meiner Vermieterin. Im Licht einer Kerze, die sie mir über den Zaun reichte, las ich weiter. Gale Benson war noch nicht tot, als die Grube zugeschüttet wurde – bei der Autopsie stellte sich heraus, daß ihre Lungen voller Sand waren.

Später an diesem Abend landete ich mit dem schwarzen Schriftsteller Earl Lovelace im Cricket Wicket, einer schwarzen Mittelklasse-Bar in Port of Spain. »Malik!« rief er aufgebracht, als ich ihm erzählte, was ich gerade las. »Ich bin ihm irgendwann begegnet, ich wußte sofort, daß er ein Abziehbild war, aber Naipaul schildert ihn als Führer, nur um der Black-Power-Bewegung eins auszuwischen.« Worauf Lovelace eine scharfe Attacke über Naipauls Rassismus und Misanthropie vom Stapel ließ. »Ich kenne jemanden, der mit Naipaul in derselben Klasse war. Weißt du, was der sagt? Er war bloß ein kleiner Kuli-Junge. Das besagt auf Trinidad: Er war ein Schlappschwanz. Nach der Schule rannte er sofort nach Hause – er hatte seine Nase immer in den Büchern.«

Als Lovelace noch auf dem Land wohnte, kam Shiva Naipaul einmal bei ihm vorbei. Ein sympathischer Mann – mit einem Anflug von Tragik. Lovelace schlug sich mit einer Machete einen Pfad zum Fluß. Shiva folgte ihm, dick, tolpatschig. Lovelace sprang mit seinen Söhnen ins Wasser und war im Nu auf der anderen Seite. Aber Shiva, der wollte nicht schwimmen. Verklemmt blieb er am Ufer stehen.

Während ich Lovelace zuhörte, dachte ich: der Schwarze als starker Mann, im Einklang mit der Natur; der Inder als Schwächling, mit der Nase in den Büchern – er produziert dieselbe Art von Klischees, die ihn so anwidern!

»Naipaul schreibt, was Abendländer hören wollen.« Es klang altvertraut, wie ein Echo der Äußerungen, die ich jahrelang von Intellektuellen in der dritten Welt gehört hatte. *Ihr Abendländer habt uns kolonisiert.* Eine Ausrede, um alles beim Alten zu lassen, um selbst nichts zu verändern.

Lovelace ist nun fünfundfünfzig. Sein Roman *Der Drachentanz*, mit dem er vor rund zehn Jahren international Erfolg hatte, pulsiert von Karneval, Calypso, Alkohol und Frauen. Im Augenblick arbeitet er an einer Geschichte über seinen letzten Besuch in England, aber er kann den richtigen Ton nicht finden. Wen will er ansprechen, wer ist er selbst? Die Fragen liegen ihm im Magen und halten ihn vom Schreiben ab.

Dieses Problem hat Naipaul bereits gelöst, als er um die Dreißig war. Er fand eine Stimme, die mich über alle kulturellen Barrieren hinweg erreichte, eine düstere, oft unheilverkündende Stimme, die ihrer eigenen Kraft vertraut.

»Wollen wir tanzen?«, sagte Lovelace, als ihm das Nörgeln selbst zum Hals heraushing. Er hat den Ruf eines Schwerenöters. Ich spürte es, als wir tanzten – er wollte mich auf andere Weise herumkriegen, dahin, wo er sich weniger unsicher fühlt. Doch sogar das kam mir wie ein Klischee vor: die weiße Frau, faszniert vom Sex-Appeal des schwarzen Mannes.

Etwas verbindet mich mit ihm, die Vorstellung, die ich früher vom Zusammenhang der Dinge hatte. Doch ein Bild, das Naipaul mir lieferte, hat sich dazwischen geschoben: das Bild eines Mannes, der am Ende seiner Welt angekommen ist und es nicht vermag, den Sprung auf die andere Seite zu machen.

Naipaul hat die Karte von Trinidad auf dem Schoß; über seine Schulter lese ich mit. »Kommen wir an Arima vorbei?« Ich frage vorsichtig – ich möchte den Unglücksort gerne mit ihm zusammen sehen, aber ich habe schon früher gemerkt, daß er nostalgische Ausflüge nicht besonders schätzt.

Als wir eines Nachmittags mit Roshni nach Port of Spain fuhren, und ich bat, die Kulisse von *Blaue Karren im Calypsoland* zu besuchen, lehnte er nach einigem Zögern ab. »Es ist schon so lange her. *One doesn't dwell on these things.* Mit solchen Dingen hält man sich nicht auf. «

»Arima?« Er wendet sich erstaunt um. »Aber dort ist nichts los.«

»Die Kommune von Malik, es scheint, daß an dieser Stelle niemand mehr wohnen will.«

»Ach ja?« Naipauls Stimme klingt plötzlich interessiert. »Los, Pooran, fahren wir über Arima.«

Christina Gardens ist eine schicke Wohngegend am Rand von Arima. Einfache weiße Häuser, gepflegte Gärten. Naipaul war hier kurz nach den Morden, kann aber den Platz, wo Malik wohnte, nicht wiederfinden.

»Niemand weiß mehr, was hier geschehen ist«,

sagt Pooran. »Meine Enkel haben nie von diesem Malik gehört. Bedauerlich, daß nie ein Buch über ihn geschrieben wurde, sonst hätte ich es ihnen zu lesen geben können.« Naipaul macht keine Anstalten, Pooran zu widersprechen.

Wir beschließen, nach dem Weg zu fragen. Ich spüre, daß Naipaul nervös ist. Hat er Angst, erkannt zu werden? Sonnenbrille und Hut scheinen eine ideale Verkleidung, allerdings erweckt unsere Anwesenheit in dieser ruhigen Gegend doch einiges Erstaunen. Hier und da wird nach uns geschielt.

Ein dicker Mann mit Schnurrbart bastelt vor seinem Haus an seinem Auto. »Das ist einer von unseren Latinos«, tippt Naipaul. Pooran fragt nach dem Weg. Naipaul mischt sich ein, mit kurzen hastigen Sätzen. »In die Richtung? Links am Ende der Straße?«

An dem Ort, an dem früher die Kommune lag, ist durchaus etwas getan worden: Der örtliche Polizeichef hat dort ein Haus erbaut, das er *Fredville* taufte. Der Bastler ist uns mit seinem Auto gefolgt und zeigt uns die Stelle, an der Gale Benson ihren vergeblichen Kampf gegen den Tod führte. Naipaul bedankt sich bei ihm und wirkt plötzlich gehetzt – als ob er bei einer intimen Verrichtung ertappt worden wäre. »Das war genug, Pooran, laß uns gehen.«

Erst als wir Christina Gardens hinter uns gelassen haben, beruhigt er sich. Malik führte ein Tagebuch, erzählt er. Ein Journalist fand es zwischen anderen Dokumenten in dem niedergebrannten Haus. Er nahm das Material mit in Savis Haus, um es zu studieren. Es war schmutzig, es roch nach Feuer, es ekelte ihn fast, es zu berühren. »Als ich darin zu lesen begann, hatte ich das Gefühl, eine Manifestation des Bösen in Händen zu halten.«

Malik wurde durch allerlei Weiße unterstützt, er sagte, daß er eine landwirtschaftliche Kommune habe, und sie glaubten ihm, aber in Wahrheit tat er nichts. »Weiße Liberale haben sentimentale und verkehrte Vorstellungen über Schwarze«, sagt Naipaul. »Malik war ein Verrückter und Krimineller, er wurde durch die Menschen korrumpiert, die in ihm einen Führer sahen.«

Das abstoßende Gefühl, das die Dokumente verursachten, verdichtete sich schließlich zu *Guerrillas*, einem Roman über eine Gruppe von Pseudo-Revolutionären auf einer imaginären Insel in der Karibik. Während des Schreibens fühlte Naipaul sich zutiefst elend, bis er eines Abends im Garten seines Hauses im englischen Wiltshire ein großes Feuer machte. Während er in die Flammen starrte, loderten die Gedanken, wie es weitergehen müsse, einer nach dem anderen auf. Er rannte ins Haus und schrieb das Buch in einem Zug fertig.

Die Periode, in der er *Guerrillas* schrieb, fiel in eine segensreiche Zeit voller Entdeckungen, an die er sehnsuchtsvoll zurückdenkt. Er reiste, schrieb Belletristik und Fachliteratur nebeneinander.

Fiktive Geschichten schreibt er immer weniger. In seiner Blütezeit diente der Roman der Aufklärung der Gesellschaft, sagt er. Durch Erdichtetes erkannten Menschen die Wahrheit über die Welt, in der sie lebten, was es bedeutete, ein Narr, ein Dichter oder ein Opportunist zu sein. Als er zu schreiben begann, war das noch eine seriöse Form, aber möglicherweise hat sie sich seit den Zeiten Balzacs abgenutzt. Er findet es immer mühsamer, Literatur zu lesen. »Ich weiß nicht, was man mir heutzutage an Neuem mitteilen will, wenn man die Tatsachen verdreht.«

Er hätte es zum Beispiel schwierig gefunden, seine letzte Indienreise literarisch zu gestalten. Der Gedanke einer Gesellschaft im Umbruch, die politischen Spannungen, das Unmögliche – er hätte eine Menge verloren, wenn er das in Fiktion umgesetzt hätte. Das Absonderliche der Geschichten lag just in der Wahrheit.

Aber in der Zeit, in der er *Guerrillas* schrieb, dachte er darüber noch anders. Durch dieses Buch verlor er viele Freunde, und sogar während des Schreibens hatte er das Gefühl, daß er auf der Hut sein müsse, daß alles falsch interpretiert werden könne. Seine weißen Kritiker behaupten, daß sie an Indien und Afrika mehr Anteil nehmen als er. »Ich weiß, daß das nicht wahr ist, daß sie es jeden Augenblick abschütteln können, daß sie sagen können: Ich bin mit Afrika oder mit Indien fertig, auf eine Weise, auf die ich damit nie fertig sein werde.«

Seine Stimme klingt irritiert. »Weiße können nicht genug davon kriegen, mit Schwarzen zu spielen, sie behandeln sie nicht als Menschen, sondern als Spielzeug oder als Sexualobjekt.«

»Sie stecken voller Schuldgefühle«, sage ich.

»Die Schuldgefühle der Weißen haben den Schwarzen aber nicht viel weitergeholfen! Ich hätte mir gewünscht, daß sie ihre schwarzen Freunde mehr zur Analyse ihrer Gesellschaft angespornt hätten, statt ihnen die Entschuldigungen für alle Probleme auf einem Tablett zu präsentieren. Bis zum heutigen Tag empfinde ich: Sklaverei ist entsetzlich, aber die

Afrikaner hatten selbst Sklaverei, und sie fingen die Sklaven für die Weißen – viele Sklavenhändler auf der westafrikanischen Insel Gorée waren Mulatten. Die Weißen machten aus dem schwarzen Mann ein ewiges Schlachtopfer. Er war nie derjenige, der eine schlechte Regierung ans Ruder brachte, der Geld stahl oder sich in Rassenunruhen stürzte, so wie es hier in der Karibik geschah. Kein schwarzer Schriftsteller hat jemals über Guayana geschrieben, wußtest du das? Niemand hat über den Putschversuch auf Trinidad geschrieben. Schwarze Autoren schreiben nicht über die Scheiße, in der dieses Gebiet steckt, sie haben noch immer den Mund voll von der kolonialen Unterdrückung in der Vergangenheit.«

Als der Putschist Abu Bakr vor Jahren auf staatlichem Grund eine Kommune gründete, traute sich die Regierung von Trinidad nicht einzugreifen. Sie hatten Angst, ihm als Schwarzen auf den Schlips zu treten. Nach dem Putschversuch wurde ein Teil der Kommune zerstört, aber niemand wagte sich an die Moschee. »Angst und Aberglaube!« schnaubt Naipaul, »sie hätten diese Moschee dem Erdboden gleichmachen müssen!« Er wirft dem schweigsamen Pooran einen Blick zu. »Findest du nicht, Pooran? Laß Allah doch zeigen, was für Rache er nehmen kann!«

Die Asphaltstraße in Richtung Osten ist holprig, rissig und gewunden. Sie wurde noch durch die vorige schwarze Regierung angelegt, erzählt Naipaul. Dreißig Jahre war sie an der Macht, unvorstellbar, wieviel Geld sie in dieser Zeit durchgebracht hat. »Die Leute hatten nichts gegen die Korruption, denn es war *ihre* Regierung, es war das Geld, das vom Rest der Insel gestohlen wurde. Aber schließlich muß man immer den Preis bezahlen, wenn auch nicht diese, sondern die nächste Generation den Kopf dafür hinhalten wird. Und dann muß wieder der IWF zu Hilfe kommen...«

Er ist lang nicht mehr in dieser Gegend gewesen, und was er sieht, läßt ihn staunen. Männer und Frauen in zerrissener Kleidung, barfüßige Kinder. Illegale von den kleinen Inseln, vermutet er. Und wie viele scheußlich armselige Bruchbuden dazugekommen sind. Die Illegalen holzen den Urwald ab, fackeln das Land ab und bauen eine Hütte drauf. »*Slash and burn*«, sagt er mißmutig, »*slash and burn.*«

Doch dahinter erhebt sich wieder seine geliebte tiefgrüne Landschaft. Mandioka, Muskatnuß, Kakaobäume mit schweren, purpurroten Früchten, die von riesigen Bäumen mit vogelförmigen, orangefarbenen Blüten überschattet werden – wenn die zu blühen beginnen, sieht es aus, als ob die Umgebung in Flammen stünde.

Der Wald erstreckt sich bis ans Meer. Am Strand in Salybia stehen zerzauste Kokospalmen, gebeugt durch die donnernde Brandung und den Wind. Die Wurzeln der hohen Mandelbäume trinken Salzwasser. Als wir aussteigen, ist die Luft salzig und prickelnd, das Licht unerwartet grell. Eine weite Bucht liegt zu unseren Füßen, in der Ferne brandet das Wasser gegen die Felsen. Naipaul nimmt die Aussicht atemlos in sich auf. »Ist das nicht ein Land, das auf seine Entdeckung wartete?«

Kolumbus wußte, daß Land in der Nähe war, als er Holzstücke und Meeresalgen vorbeitreiben sah. Viel hat sich seither nicht verändert, der Strand sieht noch genauso wild aus. Am Meer ist eine Menge farbige Fähnchen aufgepflanzt, die gleichen, die ich überall vor Hinduhäusern gesehen habe. Es ist ein Brauch, den die Baptisten übernommen haben, erzählt Pooran. Wahrscheinlich wurde hier unlängst eine Gruppe Erwachsener getauft. Schon Tage zuvor werden ihnen die Augen verbunden – so müssen sie ins Wasser gehen.

»Sind Sie auch so getauft worden?«

»Aber nein, Pooran nicht!« korrigiert mich Naipaul alarmiert. »Das ist nur bei den Schwarzen Usus!«

Ein Stück weiter liegen ein paar verwitterte Boote. Ein schwarzer Bursche mit *Dreadlocks* streicht einen Holzschuppen an, sein Ghettoblaster dröhnt in voller Lautstärke. Zu jedem anderen Zeitpunkt wäre er mir kaum aufgefallen – ein Mann, mit einer Umgebung verschmolzen, die die seine ist –, doch mit Naipaul neben mir ist das nicht möglich. »Siehst du, daß sie mit ihrem Krach bis hierher die Umwelt verschmutzen?«

Als wir weiterfahren, verliert er sich wieder im Anblick der Landschaft. Die Fregattvögel, die über das Wasser schießen, die Lagunen mit niedrigen Mangrovebäumen, die Süßwasserpriele. »Je mehr ich über diese Landschaft erfuhr, um so mehr lernte ich sie schätzen«, sagt er. »Die Namen der Dinge zu kennen macht alles deutlicher, es ist nicht mehr nur ein dichter grüner Urwald. Wenn du mit dem Urwald, felsigen Stränden und dem Meer aufwächst, dann geht das in dein Blut über, das Gefühl dafür verlierst du nie mehr. Als Kind hegte ich starke Empfindungen für Indien, aber auch für diese Neue Welt, die sich in Venezuela fortsetzte, die spanische Elemente hatte.«

Nun fühlt er sich in beiden Welten zu Hause, und wenn er zurückblickt, kann er sagen, daß er Glück gehabt hat. Ein Glück, daß den Kummer und die Schwierigkeiten der ersten Jahre aufwiegt.

Sein Blick bleibt an einem Felsen hängen, der in der Ferne aus dem Wasser ragt. Oben auf dem Felsen wächst ein Baum, das Seewasser gischtet wild gegen das Gestein. »Nicht alle Flut im wüsten Meere kann den Balsam vom gesalbten König waschen«, murmelt er. Er schaut nach hinten und lacht. »Shakespeare. *Richard II.* Siehst du, welche Assoziationen diese Landschaft heraufbeschwört?«

So wird er den ganzen Tag sein: ergriffen von der Landschaft, verdrossen über die Art, in der die Schwarzen sie sich untertänig machen. Pooran wird der Mann, bei dem er Bestätigung für seinen Verdruß sucht – als ob ein Inder seines Alters sich automatisch über dieselben Dinge aufregen müsse. »Siehst du die Bruchbuden? Kein Gefühl für Ästhetik, Pooran, es stört sie nicht im geringsten, daß alles um sie herum häßlich ist.« Manchmal wirft er mir nach so einem Seitenhieb einen raschen spitzbübischen Blick zu.

»Machen sie keinen schlechten Eindruck auf dich, Pooran, alle die faulen Säcke, die an der Straße hocken?«

»Schau bloß, Pooran, ein Mann, der ein Dutzend Bananen verkauft!« Der schwarze Verkäufer, der sich hinter einem kleinen Tisch mit Bananen postiert hat, wirft einen erwartungsvollen Blick in unsere Richtung. »Ein ganzer Mann für ein Dutzend Bananen aus seinem Garten. Und die Bananen hängen hier auf Mundhöhe, er braucht sich beim Pflücken nicht einmal anzustrengen!«

In Toco wissen wir fürs erste nicht, in welche Richtung wir müssen. An der Straßenecke steht eine Gruppe junger Männer. Sie schauen auf die glänzende Haube des Autos, die sich in ihr Gesichtsfeld geschoben hat, und dann mit stierem Blick auf uns.

»Frag sie in ihrer Sprache, Pooran, ob das die Straße nach Matelot ist.«

Sie antworten mit einer kaum merklichen Kopfbewegung.

»Sie sind arbeitslos«, sagt Pooran entschuldigend, als er weiterfährt.

»Sie schauen aber alles andere als hungrig aus, Pooran, ich bin sicher, daß sie Rind- und Schweinefleisch essen.«

Irgendwo in dieser Gegend muß das Haus liegen, in dem er als Zwölfjähriger zum ersten Mal in seinem Leben mit seinen Eltern Ferien gemacht hatte. Die Szene ist in *Ein Haus für Mister Biswas* beschrieben. Das Buch neigt sich da bereits dem Ende zu, nach dem Vergnügen über den Ausflug erwartet den Leser etwas Trauriges – kurz darauf wird Biswas sterben.

»Sans Souci, Pooran, ist das Sans Souci? Vielleicht war es hier.« Er hält Ausschau nach etwas Vertrautem; das verfallene Haus auf dem Hügel hätte es sein können, dort unten in der Bucht planschten sie vielleicht im seichten Wasser.

In Matelot geht der Asphalt abrupt in einen Sandpfad über, der kaum zu erkennen ist. »Nun müssen wir zurück«, sagt Naipaul, »denn hier hört die Straße auf, die die Regierung für uns angelegt hat.«

In einem kleinen Laden in Toco, den wir kurz darauf betreten, sitzen drei Männer plaudernd auf Bänken. Hinter einem vergitterten Verschlag mit einer Durchreiche steht der Verkäufer. Das einzige Getränk, das er im Eisschrank hat, ist Bier. Die Dosen mit Orangensaft, die er uns herausreicht, fühlen sich lauwarm an. Er zuckelt nach hinten, um einen Büchsenöffner zu suchen, und kommt unverrichteter Dinge zurück.

Naipaul hat Brille und Hut abgenommen und schaut mich kommentarlos an. Kim erzählte mir, daß jemand einmal zu Naipaul sagte: Sie sind der beste Schriftsteller von Trinidad, worauf dieser lachend antwortete: Der beste Schriftsteller von Trinidad! Aber das ist so, als ob man der beste Ladenbesitzer in Toco wäre, oder?

Die Männer auf den Holzbänken haben ihr Gespräch unterbrochen und mustern uns neugierig.

»But you is a known face«, sagt einer von ihnen, »you is mister Naipaul!«

»O Gott!« Naipaul greift instinktiv nach seinem Hut, bereit zu flüchten.

»Woher weißt du, daß das Mister Naipaul ist?« Pooran hat sich als Schiedsrichter zwischen die beiden geschoben.

»Ich habe sein Foto in der Zeitung gesehen. Man hört viel Gutes über ihn.«

»Hast du jemals ein Buch von ihm gelesen?« Poorans Stimme klingt streng.

»Nein, aber was nicht ist, kann noch werden.«

Naipaul hat sich umgedreht. Nach seiner ersten Schreckreaktion ist er beschwichtigt, sein Gesicht hat einen amüsierten Ausdruck bekommen.

»Gib den Männern ein Bier auf meine Rechnung, und nimm dir auch eins«, sagt er zu dem Verkäufer.

Mit einem »thanks, old man« nimmt er das Wechselgeld in Empfang.

»*Let's go.*« Dann stehen wir draußen, unsere Dosen Orangensaft in einer Packpapiertüte unter dem Arm. Naipaul ist irritiert, fühlt sich das zweite Mal an einem Tag ertappt.

»Der Preis des Ruhms«, sage ich.

»Was soll ich machen? Du kannst nicht grob zu ihnen sein, das würden sie dir übelnehmen.«

Mit meinem Taschenmesser öffnen wir die Dosen und trinken sie gegen das Auto gelehnt aus. »Hast du diesen Krämer gesehen, Pooran? Es war nicht einfach, ihm etwas abzuluchsen, was? Kannst du dir vorstellen, was passiert wäre, wenn da ein Inder gestanden hätte? Der hätte uns mindestens zwanzig Sachen aufgeschwatzt: Nüsse, Sandwiches, alles mögliche! Schwarze haben keine Ahnung von Geschäften, sie glauben, daß es ausreicht, einen Laden aufzumachen, und daß der Rest dann von selbst kommt.«

An einem kleinen Fluß in der Tiefe macht eine große indische Familie Picknick; Kinder spielen im Wasser, die Eltern unter den Bananenbäumen schauen zu. »Inder sind Familienmenschen, das unterscheidet sie so sehr von dem Rest hier«, sinniert Naipaul. »Mit den anderen gleichziehen, ein wichtiger Mechanismus in der indischen Gemeinschaft, das kennen die Schwarzen nicht.«

Kurz darauf kommen wir an einer Gruppe Jugendlicher vorbei, die ihr Haar nach der letzten Mode tragen: im Nacken kahlgeschoren, auf dem Schädel eine senkrecht stehende Bürste. *Eine Landebahn*, wie Kim es nennt. »Jeder hat hier die neueste Frisur aus New York«, sagt Naipaul, »aber wenn du dir auf dem

Kopf einen Pfannkuchen schneiden läßt, ist es nicht das gleiche, wie einen Laden aufzumachen. Du kannst etwas wollen, aber um es zu verwirklichen, mußt du jeden Tag auf Trab sein. Und dafür sind die Schwarzen nicht begabt.«

Indosachse – eine Bezeichnung, die ich einigermaßen irritiert verworfen habe und die sich mir wieder aufdrängt. *V. S. Nightfall* nannte ihn der karibische Dichter Derek Walcott. Die Welt hat sich verändert, ist sich Naipaul darüber nicht im klaren? Seine Nichten tanzen in einer Karnevalsband, gemischte Ehen sind auf Trinidad nicht mehr allzu ungewöhnlich. Wir haben dasselbe vor Augen, aber wir sehen verschiedene Dinge. Er sieht Kinder, die barfüßig sind, ich verfolge den selbstgemachten Papierdrachen, den die Kinder haben steigen lassen. Ich sehe ein idyllisches Häuschen am Strand, er zeigt mit angewidertem Gesicht auf das hölzerne Plumpsklo.

So wie Pooran, der bereits einige Male schwach gegen Naipauls Ausfälle protestiert hat, indem er sagte, daß es die Menschen in dieser Gegend schwer haben, spüre ich, daß ich meinen Mund nicht länger halten darf, daß ich etwas sagen muß, und zwar auf der Stelle.

Es ist nicht einfach, den richtigen Ton zu finden. Ich höre mich stammeln und stottern. Wie kann er diese Landschaft und das, was sich darin abspielt, voneinander getrennt betrachten?

»Was willst du genau sagen?« Naipaul schaut aus dem Fenster, scheinbar ruhig, doch ich sehe, wie er seine Hände ineinander preßt.

Ich murmle, daß es doch auch andere Arten gibt, diese Landschaft in sich aufzunehmen, daß ...

»Ich verstehe nicht ganz, was du meinst, ich liebe diese Landschaft auch.«

»Aber die Menschen, die darin leben, die akzeptieren Sie nicht...«

»Drück dich etwas deutlicher aus.« Alle seine Stacheln haben sich aufgerichtet, er ist bereit, zum Gegenangriff überzugehen.

»Ich versuche, die Dinge mit Ihren Augen zu betrachten«, sage ich, »das ist alles. Ich versuche zu verstehen, warum es Sie stört.«

»*Oh, I see.*«

Es ist vorbei. Erleichtert atme ich auf und spüre, wie auch Naipaul sich entspannt. Aber er hat meine Gedanken ohne Zweifel erraten.

Am Straßenrand schiebt eine dicke schwarze Frau mühsam einen Kinderwagen vor sich her; der Wind bauscht ihr Kleid, bläst sie zu monströsen Dimensionen auf. »Du mit deinen liberalen Ideen, was fängst du damit an, findest du das vielleicht schön?« Er hat sich umgewandt, ein breites Grinsen auf dem Gesicht. »Du würdest es doch gewiß nicht erfreulich finden, wenn ich das beschreiben würde, oder?«

Ich habe meine Stacheln eingezogen, aber er ist noch nicht fertig.

»Was mag das wohl sein?« fragt er, als wir an einem Wellblechdach vorbeifahren. »Oh, das ist eine Garage!« Mit geheucheltem Interesse studiert er ein Stück weiter einen würfelförmigen Verschlag. »Und das? Oh, das muß ein Laden sein, aber leider ist er geschlossen... Ein verlassenes Haus, noch ein verlassenes Haus, und dort ein Gemüsestand, leider geschlossen...«

Er ist nicht mehr zu bremsen, der Entertainer in

ihm ist erwacht, alles ist nun Gegenstand seines Spottes geworden. Ein erbärmliches Autowrack, das auf Holzklötzen vor einem Haus aufgebockt ist, nennt er ein »typisches Beförderungsmittel dieser Region«.

Aber auch jetzt spüre ich hinter seinem Sarkasmus etwas Versöhnliches – einen Versuch, die drohende Meinungsverschiedenheit in Humor zu ertränken.

»Sieh mal an, der Mann trägt Socken!«

»Der geht in die Stadt«, sagt Pooran nüchtern.

»Hörst du, was Pooran sagt: Der Mann geht in die Stadt!«

An einer Brücke über einen Bach läßt er Pooran halten. Auf den Hügeln an beiden Seiten der Straße ragt der Wald hoch auf. »Ich rieche eine Schlange«, sagt er, als er aussteigt. Er schaut überrascht in das Gestrüpp zu seinen Füßen. Verfaulte Früchte, glitschige Blätter – ich kann den Geruch, den er wittert, nicht bestimmen. »Es riecht nach Fisch«, sagt er, »wenn eine Schlange vorbeigeglitten ist, kannst du es noch den ganzen Tag riechen.«

Pooran hat ein paar Mandeln aufgelesen, mit einem Messer bricht er ihre Schale auf. Naipaul reicht mir eine mit einem frivolen Blick wie Eva, als sie Adam den Apfel gab. »Mandeln, ein paar Bananen, eine Kokosnuß, was willst du noch mehr!«

Gegenüber liegt ein verlassenes Kakaolagerhaus. Wir haben unterwegs bereits zahllose gesehen: hölzerne Speicher mit verrosteten Wellblechdächern auf Rädern, die aufgeschoben wurden, um die Kakaobohnen in der Sonne trocknen zu lassen. Naipaul ist über die Straße gegangen, hat seinen Hut abgenommen und schnüffelt herum. Die Treppe zum Kakaolager ist morsch und knarzt unter seinen Schritten. Der kleine dunkelhäutige Mann vor diesem Haus, das trotz seines Verfalls noch all die Präzision atmet, mit der es entworfen wurde – in seinem grünen Pulli wird er fast eins mit dem Laub dahinter, doch er hält seinen Hut am Kniff fest wie ein englischer Gentleman, der ein Museum besucht.

»Komm mal her!« Gerade als ich über die Straße will, fährt ein Pritschenwagen vorbei. Der Chauffeur bremst, die schwarzen Männer auf der Ladefläche rufen mir nach. Naipaul schaut alarmiert auf.

»Waren sie unverschämt?«

»Nein, nein.«

»Schau mal.« Er zeigt auf eine grüne Pflanze mit federförmigen Blättchen zu seinen Füßen. »Tipp die mal an.« Sobald ich die Blättchen mit meinen Fingern berühre, schließen sie sich. Er lacht und streift mit seinem hohen Sportschuh grob darüber. »Siehst du, das ist das Rührmichnichtan. Nun wird es Stunden dauern, bis es sich wieder öffnet.«

Als Pooran in Sangre Grande zum Tanken anhält, hat sich die kalte Brise zwischen uns wieder gelegt, und wir gehen zusammen in ein Café. Gegen die Bar gelehnt beobachten wir Pooran, der mit einem Staubtuch sein Auto aufpoliert.

»Siehst du, was für ein Mann Pooran ist? Völlig besessen von seinem Auto. Kennst du diese Sorte Menschen?«

Gerade hat Pooran uns erzählt, daß seine Kinder an Eliteuniversitäten in Amerika und Kanada unterrichten.

»Dem Anschein nach hat Pooran ein paar Professionals in der Familie.« Naipauls Stimme klingt skeptisch.

»Glauben Sie das denn nicht?«

»Die Leute lügen hier so viel! Meine eigenen Familienmitglieder belügen mich!«

»Aber Sie kennen ihre Geschichte, wie können Sie dann angelogen werden?«

»Gegenüber anderen lügen sie über ihre Abkunft, und mir flunkern sie vor, was sie jetzt tun.«

Als Pooran wenig später erzählt, daß er ebenfalls studiert hat, beginne ich zu zweifeln. Pooran ein diplomierter Volkswirtschaftler? Das ist ein dickes Ding. Dann hätte er doch unterwegs seinen Akzent verlieren müssen? Und wie steht es eigentlich mit dem Haus mit fünf Schlafzimmern, über das er am frühen Morgen erzählte – hat er das vielleicht auch erfunden?

Einige Tage danach wird Naipaul mich wegen dieser Geschichte erregt anrufen. Er hat Informationen eingeholt: Pooran hat alles zusammenphantasiert. Einer seiner Söhne ist Automechaniker auf Trinidad, mehr gibt es über ihn nicht zu berichten. »Das meine ich nun mit *mimic men*, Menschen, die derartig mit sich im unreinen sind, daß sie über die essentiellsten Dinge lügen.«

»*Aren't you frightened?*« Naipaul schaut aus dem Autofenster auf das Haus, das in ein Urchaos von Licht getaucht ist.

Im Garten steht ein großes Festzelt, die Autos der Gäste – größtenteils Marke Mercedes – stehen bis auf den Gehsteig. »In Bombay mußte ich einmal zu einem solchen Fest. Als ich ankam, war ich so verängstigt, daß ich das Taxi umkehren ließ.« Seine Stimme klingt beklommen.

An diesem Nachmittag hat seine Nichte Asha, eine Enkelin einer Schwester seiner Mutter, einen Engländer geheiratet. Kamla wollte nicht zum Empfang, aber Naipaul hat sich überlegt, daß er Material sammeln könnte – eine »Schmetterlingssammlung«, wie er es nennt.

Als er mich einlud, ihn zu begleiten, bin ich sofort zum Haus meiner Vermieterin gelaufen und habe in ihrem Kleiderschrank das Unterste zuoberst gekehrt. Ich trage ihr rotgeblümtes Kleid, ihre goldenen Ohrringe, ihr Armband, ihre Handtasche.

Pooran hat sich zu diesem Anlaß in einen dunkelbraun gestreiften Anzug geworfen, von dem Schnitt, unter dem man kein Hemd und keine Krawatte trägt. »*But Pooran, you look all dressed up in your Mao Tse Tung-suit!*« begrüßte Naipaul ihn überschwenglich, als wir ihn in Charlieville abholten.

Er selbst trägt eine graue Hose, Sakko und Krawatte, und der Aufzug erweckt den Mann, den ich von Fotos kannte und der seit unserer Begegnung völlig aus meinen Gedanken verschwunden war, auf seltsame Weise wieder zum Leben. Die ganze Fahrt nach Port of Spain plappert er, ohne Luft zu holen, gespannt wie eine Feder – ein Schauspieler mit Lampenfieber, der auf dem Weg zu einer Vorstellung ist. Lauter denn je schimpft er auf die Männer in den Rum-Shops längs der Straße. »Es sind niederträchtige Menschen, findest du nicht, Pooran? Man müßte sie verprügeln!« Worauf er eine Lobeshymne auf sein letztes Indienbuch anstimmt. Kamla muß manchmal aufhören zu lesen, so muß sie darüber lachen. Es steht so viel Spaßiges drin! Er klingt wie ein Mann, der sich selbst Mut zuspricht.

Es ist etwa sechs Uhr, es wird dunkel und es gießt wie aus Kübeln. Unter Poorans grellbuntem Regenschirm gehen wir zum Haus. Naipaul ist ein Stück kleiner als ich, aber er besteht darauf, den Regenschirm selbst zu halten.

»Wovor haben Sie eigentlich Angst?«

»Menschen können so rüde sein. Sie lassen dich gerne merken, daß sie nicht beeindruckt sind, ganz und gar nicht beeindruckt.«

So wie während der kritischen Momente bei unserem Ausflug nach Matelot bin ich erstaunt. So viele Bücher, so viel Erfolg, und es hat ihm nicht über seine alten Ängste hinweggeholfen – seine Wunden liegen noch immer dicht unter der Oberfläche.

An diesem Abend steigt meine Bewunderung für ihn. Wieviel Anstrengung es ihn kostet, durchzuhalten – davon haben Sandra und Lovelace keinen Schimmer, denn diese Art Anstrengung kennen sie nicht.

Wir sind spät dran. Niemand erwartet uns beim Eingang, der Zeremonienmeister ist bereits im Festgewühl verschwunden. Von der Veranda schauen wir auf die Menschen, die unter dem Zeltdach an langen Tischen sitzen und aufmerksam dem Verlesen der Glückwunschtelegramme zuhören. Diener mit großen schwarzen Regenschirmen lotsen die Gäste durch das nasse Gras.

Naipaul schaut sich um, leicht desorientiert. Niemand scheint uns zu bemerken. Zwei junge Inder im

Smoking sind mit der Verstärkeranlage beschäftigt, an den Tischen auf der Veranda unterhalten sich Leute in kleinen Gruppen; andere defilieren vorüber, irritiert durch den Regen, der das Fest im Haus von dem im Zelt scheidet.

Die Sträucher im Garten sind mit Ballons und farbigen Lämpchen behängt. In einem kleineren Zelt ist eine Bar aufgebaut. »Das muß eine Stange Geld kosten«, flüstert Naipaul. »Kannst du dir vorstellen, daß du so viel Geld für die Hochzeit deiner Tochter ausgeben würdest? Ich bin mir absolut sicher, daß ich es nicht tun würde!«

Wir stehen zögernd am Rand der Veranda. »Sollen wir uns durchkämpfen?« Aber dann werden wir garantiert an einen Tisch gesetzt und können uns nicht mehr rühren – wir beschließen zu bleiben, wo wir sind.

Der Brautvater kommt vorbei, ein beleibter Inder mit sorgenvollem Gesichtsausdruck. Er ist Anwalt, seine Frau Richterin. Naipaul hat mir die Einladung zum Empfang gezeigt. *Honorable Mrs.* hier und *Honorable Mr.* da, alles Titel, die ihm zufolge nichts zu bedeuten haben. Die Braut hatte in England ein schickes Appartement und ließ sich von einem Taxi zur Universität fahren und wieder abholen. Und nun hat sie sich also einen Engländer geangelt. Der glaubt, daß er es mit seinen reichen Schwiegereltern gut getroffen hat, aber eines Tages wird er aufwachen und entdecken, daß er der Lackierte ist.

»Vido! Vido!« Eine kleine, in schwarzen Flitter gekleidete Frau faßt Naipaul an der Hand und drückt sich an ihn. »Vido! Erkennst du mich nicht?«

Dann packt sie meine Hand. »Pat, wie geht's dir?«

Naipaul sieht sie forschend an. Die Frau nennt ihren Namen – sie erweist sich als entfernte Verwandte, die er seit vierzig Jahren nicht mehr gesehen hat, eines der Mädchen aus dem Löwenhaus, die blutjung verheiratet wurden. »Weißt du noch, wie ich bei meiner Hochzeit geweint habe, Vido, erinnerst du dich noch daran?«

Sie hält Naipaul weiter umschlungen und läßt seine Hand nicht los. Ich zucke bei diesem Anblick innerlich zusammen. Ich habe ihn als einen Mann kennengelernt, der körperlich so reserviert ist – ich würde ihm nicht einmal die Hand geben, wenn er mir die seine nicht entgegenstreckt. Doch die Frau in Schwarz streichelt seine kleine Hand, und ich sehe, daß Naipaul sie nicht abwehrt, er lächelt nur ein wenig zerstreut und verwundert.

In *Ein Haus für Mister Biswas* hat er über ihre Hochzeit geschrieben. Der Festplatz war mit präparierten Bambusstöcken abgegrenzt, die mit Öl gefüllt waren und angezündet wurden – wunderschön, eine lange Reihe schwebender Flämmchen in der Nacht. Aber woran der Erfinder natürlich nicht gedacht hatte, war die Tatsache, daß der Bambus heiß wurde. Das Fest endete mitten in der Nacht mit einer spektakulären Explosion.

Es war eine schlechte Ehe, später ging sie mit einem schwarzen Mann durch. »Denn der Schwarze ist wie ein Geier, wenn er etwas am Wegrand liegen sieht, stürzt er sich darauf«, wird mir Naipaul erzählen. Um der Schande zu entgehen, flüchtete sie nach Kanada. Seit kurzem scheint die Familie sie wieder aufgenommen zu haben.

Eine alte Frau kommt vorbei, gehüllt in indische

Kleidung, einen weißen Schal um den Hals; langes dickes Haar, stechende Augen, ein entschlossener Gang. Eine Wolke der Tradition zwischen den modern gekleideten Frauen um uns herum. Frau Tulsi, die gefürchtete Schwiegermutter von Mister Biswas! Wenn sie näher kommt, werde ich bestimmt den *Bayrum* riechen, mit dem sie ihre Kopfhaut hat einreiben lassen.

»Diese Frau könnte Ihre Mutter sein.«

Naipaul folgt meinem Blick, lächelt. »Eine Schwester meiner Mutter.« Er geht auf sie zu, küßt sie, aber sie schaut an ihm vorbei zu dem Ort, auf den sie zusteuerte, bevor er sie begrüßte, sie bewegt kurz ihre Lippen und ist schon wieder verschwunden.

Mehrere Menschen haben Naipaul nun bemerkt und beginnen, sich um ihn zu drängen. Wann ist er angekommen? Wie lange wird er bleiben? War er in diesem Jahr nicht schon einmal da?

»*Still here, Vidia?*« Es klingt ironisch.

»*I was in Guyana*«, protestiert er.

Ich merke, daß er die Dauer seines Aufenthalts auf Trinidad herunterzuspielen versucht. »Wenn ich sage, daß ich vierzig Jahre nicht hier war, denken Menschen, daß ich nichts über sie weiß«, wird er mir anvertrauen. »Dann gehen sie leichter aus sich heraus.« Erzählte er mir deshalb am Anfang, daß er noch nie in der Universität war?

An dem Tisch auf der Veranda, an dem wir uns niedergelassen haben, hält er nun Audienz. Eine Nichte, mit der er manchmal im Country Club Tennis spielt, kommt ihn begrüßen, eine grell geschminkte Frau, die in Italien lebt, erzählt, daß sie ihre Diplomarbeit über ihn geschrieben hat. Und dann taucht der Zeremonienmeister auf, ein Hüne mit einer Flasche Champagner in der Hand, der sich in seiner Begrüßungsansprache so verhaspelt, daß er kein Ende finden kann und zu seiner sichtlichen Erleichterung durch einen alten indischen Herrn in beigem Anzug von seinen Leiden erlöst wird. »Mister Naipaul!« Er ergreift Naipauls Hand. »Ich war in Indien, ich hatte Ihr Buch mit und war mit fast allem, was Sie geschrieben haben, einverstanden!«

»Mit fast allem!« Naipaul lacht.

»Sie müßten den Nobelpreis bekommen, es ist bedauerlich, daß Sie immerfort übergangen werden, Sie haben ihn verdient!«

Der Nobelpreis! Naipaul lacht noch immer, aber ich kann mir vorstellen, daß eine solche Äußerung ihn verletzt. Die unbeabsichtigten Beleidigungen in dieser Welt von Anmaßung, Talmi und geschäftlichem Erfolg. Der Nobelpreis, als ob er es nicht geschafft hätte, solange er ihn nicht ergattert hat, als ob *sie* sich keineswegs mit weniger zufriedengeben würden!

Eine ganze Reihe von Bemerkungen, die ich in den letzten Wochen gehört habe, schwirren mir durch den Kopf. »Uns hat er es zu verdanken, daß er so viel Geld verdient hat«, sagte Sandra, »er brauchte bloß aufzuschreiben, was sich hier abspielte.« Der Trinidader spanischer Abkunft bemerkte nicht ohne Mißgunst, daß sich Naipaul zwar damals für ein ungewöhnliches Studium entschieden, aber inzwischen mehr verdient habe als seine Altersgenossen, die Jura und Medizin studiert hatten. Seine Frau beschwichtigte ihn: Gerade habe sie einen Stoß Bücher von Naipaul für ihre studierende Tochter zu einem günstigen Preis erstanden – der Buchhändler habe sie jahrelang auf Lager gehabt, er sei froh gewesen, daß er sie endlich los war.

»Wenn sie die Chance dazu bekommen hätten, hätten sie mich kaputtgemacht«, sagte Naipaul einmal. Ich beginne zu begreifen, was er damit meinte.

»Komm, laß uns kurz ins Zelt gehen.« Naipaul hat mich am Arm genommen. Die Reden sind vorbei, und aus der relativen Ruhe auf der Veranda geraten wir in einen Bienenkorb mit neuen Gesichtern. Eine Frau, die in der Botschaft in Venezuela arbeitete und Naipaul irgendwann zu einem Auto verhalf; Herr Butler, ein großer schwarzer Mann, der der medizinischen Fakultät an der Universität vorsteht; ein früherer Mitschüler von Naipaul, der in Birmingham studierte und Direktor einer psychiatrischen Anstalt auf der Insel ist.

Herr Butler erzählt mir, daß er früher in England lebte und mit einer Engländerin verheiratet war. Seit zwei Jahren ist er allein – er kann auf Trinidad keine Frau finden, mit der er sich so vertraut fühlt wie mit ihr. Er steht dicht neben mir, ich kann seine Einsamkeit spüren.

»Warum ist Ihre Ehe dann in die Brüche gegangen?«

»Ich hatte den Eindruck, daß ich ihr mehr gab als sie mir.«

Während ich mit Butler rede, versuche ich, Naipaul nicht aus den Augen zu verlieren. Er steht weit weg bei einer kleinen Gruppe, auch er hält mit mir Blickkontakt.

»Ich habe gesehen, daß du dich mit Herrn Butler

unterhalten hast«, sagt er später. »Was hatte er denn zu berichten?«

»Er hat sich von seiner Frau getrennt.«

»Von seiner Frau getrennt! Hat er dir erzählt, wegen wem sie ihn verlassen hat?« Er lernte sie vor rund zehn Jahren kennen und spürte sofort die Spannung zwischen den beiden: Sie war schön, jung, athletisch, er ein schwarzer Mann, der älter wurde. Butler verbreitete sich über Rassismus, führte als Beispiel sogar die Franzosen an, die damals die medizinische Fakultät aufbauten.

»Ob sie wohl mit einem Weißen oder einem Schwarzen durchgegangen ist?« fragt sich Naipaul. Dann korrigiert er sich. »Ach nein, eine Frau, die einmal mit einem Schwarzen zusammen war, geht in der Regel weiter mit Schwarzen, oder?«

Sein Blick schießt hin und her; nichts entgeht ihm. Manchmal kommt er und flüstert mir etwas ins Ohr. »Hast du den Bräutigam gesehen? *Rather fat, eh?* Hat etwas mit Computern zu tun, heißt es. Ein Busfahrer, wenn du mich fragst.«

Es hat aufgehört zu regnen, und plötzlich rümpft er die Nase. »Riechst du es, Essen!« Aus der Küche kommen die ersten Gäste mit vollen Tellern anmarschiert. »Hast du vor zu essen?« fragt er verschwörerisch. »Ich auf keinen Fall!«

Kämpferisch blickt er um sich. »Zu viel Essen hier, finden Sie nicht?« sagt er zu seinem Gesprächspartner. »Ich habe schon genug, wenn ich es bloß rieche. Was meinen Sie, wo finde ich eine Ecke, um diesem Geruch zu entgehen?«

»Wollen wir nicht wenigstens etwas trinken«, sage ich, als wir wieder auf der Veranda stehen. Naipaul verschwindet, auf der Suche nach einer Flasche Champagner, taucht mit strahlendem Gesicht wieder auf. »Kommt sofort!«

Die Frau seines Schulkameraden, eine prachtvolle Frau in einem gelben Kleid und einem schwarzen Hut mit Voile und hohen Federn, setzt sich zu uns. »Julia! Du siehst aus wie eine Dame aus einem Gemälde von Renoir!« Naipaul betrachtet sie mit sichtlichem Wohlgefallen.

»Weißt du, wen ich gerade gesehen habe?« Er reibt sich die Hände. »Meine Cousine Goden, meine erste Jugendliebe! Natürlich ist sie inzwischen alt und dick geworden, aber ... du wirst sie sehen, sie bringt gleich Champagner.« Sie ist mit Ralph verheiratet, einem ihrer früheren Anbeter. Erst schlug sie Naipaul vor, den Champagner einfach von dessen Tisch zu nehmen. »Siehst du, wie sie ihre Männer behandeln, sobald sie verheiratet sind?«

Die Frau, die kurz darauf eine Flasche Champagner auf den Tisch stellt, ist überhaupt nicht alt und dick, sondern groß und apart, mit sanften Augen und einnehmendem Lächeln. Sie errötet, als Julia eine frotzelnde Bemerkung macht, und verschwindet in Richtung Zelt. Ist sie Sally, die Cousine, mit der Ralph Singh in *Herr und Sklave* ein Verhältnis hatte, die einzige Frau, bei der er sich jemals geborgen fühlte?

Mir gegenüber blickt sich Naipaul vergnügt um. Das lebhafte Treiben, an dem er teilhat, scheint ihm ausgezeichnet zu gefallen. »*Quite some important people here!*« flüstert er Julia zu, während er sich auf seinem Stuhl hin und her wendet. Gerade hat er den Premierminister Robinson gesehen, auch eine Handvoll Minister sind anwesend. Er fragt Julia ein Loch in den

Bauch. Hat Robinson Leibwächter bei sich? Wo stecken die? Warum sind wir am Eingang nicht kontrolliert worden?

»Lieve ist in Zaire gewesen«, sagt er später zu Julia. Sie schaut mich unter ihrem Voile an: »Oh, und werden sie dort inzwischen ein wenig zivilisiert?«

»Nun ja, das ist mit unseren Maßstäben nicht zu messen . . .«

»Hör mal, du kannst sagen, was du denkst!« zwinkert mir Julia zu. »Vor mir brauchst du nichts zu verschweigen, frag nur Vidia!«

»Nur zu, warum beantwortest du die Frage nicht?« spornt Naipaul mich an. »Die schrecklichen Leute haben dich doch ins Gefängnis gesteckt!«

Glücklicherweise überschwemmt in diesem Augenblick ein ohrenbetäubender Schwall Musik die Veranda. Moderne Discomusik, die die Gäste auf das Holzpodest im Garten treibt. Es dauert nicht lange, und ich sehe Julias wippenden Hut aus der tanzenden Menge herausragen.

»Nein, besten Dank, ich tanze nicht im Regen«, höre ich jemanden sagen, »ich habe heute bereits im Regen Golf gespielt, das hat mir gereicht.«

Der Diener, der uns während des Platzregens von der Veranda zum Zelt lotste, tanzt in einer Ecke des Zeltes mit seinem zusammengeklappten Regenschirm.

»Willst du tanzen?« Naipaul ist neben mir aufgetaucht.

»Nur, wenn Sie tanzen.«

Er schaut auf seine Uhr. Es ist acht. »Ich glaube, daß es Zeit ist, aufzubrechen.«

Als wir nach draußen gehen, sehe ich flüchtig die

kleine Frau im schwarzen Flitterkleid, die Naipaul früher am Abend so überschwenglich begrüßte. Sie sitzt allein auf einem Stuhl, ausgelaugt, die Hände über einer Dose mit Kuchen in ihrem Schoß gefaltet, einem Geschenk, das jeder Gast bekommen hat, und auf der zwischen den festlichen silbernen Weihnachtsglocken die Aufschrift steht: *Asha and Carl, December 29, 1990*.

So angespannt er auf dem Hinweg war, so ruhig ist Naipaul, als wir nach Hause fahren. Es war ein wirklich nettes Fest, muß er zugeben. Er hatte befürchtet, daß er als Ausstellungsobjekt herumgereicht würde, das kann er nicht ausstehen, aber diesmal war es angenehm: mit einer Gruppe Menschen zu sprechen und sich manchmal in einen kleineren, intimen Kreis zurückziehen zu können.

Habe ich gesehen, wie wichtig es für seine Verwandte war, daß die Familie sie wieder aufgenommen hat, wie krampfhaft sie ihn am Arm packte? »Du konntest damals in einer indischen Familie, die auf sich hielt, wirklich nicht mit einem *Kaffern* aufkreuzen!« Schwarze Männer sorgen nicht für ihre Familie, sagt er, darum haben so viele Inder Angst vor Mischehen. »Was findest du, Pooran?«

Pooran erzählt, daß heutzutage nur noch alte, konservative Inder dagegen sind, worauf sich vorne im Auto eine Diskussion über *Kali Yug* entspinnt, die dunkle Zeit, die nach der Meinung der Hindus angebrochen ist, in der sich die Rassen vermischen, die Moral verfällt und das Chaos auf der Lauer liegt. Kurz verspüre ich wieder das Bedürfnis zu opponieren, aber es ebbt rasch wieder ab.

»Und daß ich Goden getroffen habe!«

»Sie ist immer noch schön«, sage ich.

»Fandest du?« Wie verliebt er in sie war! Die ganze Familie wußte es, jedes Wochenende fuhr er mit dem Bus nach San Fernando, wo sie wohnte. Er hatte ein Zimmer in ihrem Haus, er kam gut mit ihren Brüdern aus. Sechzehn war er. Sie war älter als er, umgeben von Verehrern, und doch schmeichelte ihr seine Zuwendung, denn er galt als aufgeweckter Junge.

»Und ist jemals was daraus geworden?«

»Nein, nein – obwohl ich es natürlich allzu gerne gewollt hätte.« Einen Augenblick herrscht Schweigen, dann sagt er: »Begreifst du, wie schnell es in einer solchen Umgebung zum Inzest kommt?«

Und die Frau im roten Kleid, die uns gegenüberstand, als wir auf der Veranda saßen, habe ich die gesehen? Ich erinnere mich vage an sie – sie kippte recht ostentativ große Mengen Whisky in sich hinein. Bis vor kurzem lebte sie in Kanada, erzählt Naipaul, wo sie ausposaunte, daß sie aus einer adligen indischen Familie stamme. »Adlige Familie! Wir Inder waren ein Haufen Bauern, sonst wären wir vor hundertfünfzig Jahren gewiß nicht nach Trinidad gekommen. *Just a bunch of peasants, really!*«

Bei jedem gibt es etwas in seiner Vergangenheit, wofür er sich schämt, sagt er, plötzlich milder, Geheimnisse, die er in seinem Herzen bewahren möchte, dunkle Flecken, die er lieber verborgen hält. Deshalb wird auch so viel gelogen. Aber wenn du den Mut hast, die Wahrheit über dich zu enthüllen, wenn du deine Geheimnisse und Ängste zu Papier bringst, spürst du, wie das Gewicht, die Spannung von dir abfällt.

Der zweite Viadukt auf der Straße nach Chaguanas kommt in Sicht, und Pooran biegt ab. Ich beuge mich auf dem Rücksitz weiter nach vorne und warte, was Naipaul noch alles sagen wird. Doch er schweigt, und es würde mir nicht einfallen, die Stille zwischen uns, die den ersten Schritt zum Abschied markiert, zu brechen.

1991

Das Kairo von Nagib Machfus

SECHS UHR MORGENS, auf dem Boulevard am Nil kommt das Leben langsam in Gang. Die Bedienungen der Cafeteria Ni'ma haben gegen die bittere Morgenkälte Wollschals um den Kopf gewunden; vorsichtig gießen sie dampfenden *Ful* in einen Aluminiumbehälter. Der Kassierer blickt überdrüssig von seiner Zeitung auf, als ihm der Geruch brauner Bohnen in die Nase steigt. Über ihm im ersten Stock brennt Licht. Nacktes, kaltes Licht in einem Zimmer, das leer zu sein scheint. Am Fenster taucht das Gesicht des siebenundsiebzigjährigen Schriftstellers auf. Sogar so früh am Morgen sind seine Augen hinter einer dunklen Brille verborgen. Er raucht eine Zigarette und schaut nach draußen. Ob er sich an unsere Verabredung erinnert?

Ich weiß nicht recht, was ich tun soll, während ich auf ihn warte. Meine Anwesenheit an dieser Straßenecke weckt Befremdung. Taxis fahren langsamer, die Bedienungen des Ni'ma werfen fragende Blicke in meine Richtung, und ein Soldat, der mit einem Ful-Sandwich an der Bushaltestelle steht, pfeift verstohlen durch die Zähne. Kurz darauf springt er auf einen vorbeifahrenden Bus; die klagende Stimme von Umm Kalthum weht durch die offenstehenden Türen auf die Straße.

Als das Licht oben ausgeschaltet wird, gehe ich über die Straße. Er kommt heraus und schaut mich einigermaßen überrascht an. »*Sahhitik badri*«, sagt er. *Ich habe dich früh geweckt.* Er sieht untadelig aus. Unter dem Mantel trägt er einen Rollkragenpullover und einen winterlichen Anzug; seine Schuhe glänzen, und unter den linken Arm hat er eine Aktentasche geklemmt. Ein leichter Duft von Aftershave umgibt ihn.

Mit raschen Schritten überquert er den Boulevard. Es ist eine gesegnete Stunde in den Straßen von Kairo. In der Ferne, auf der Brücke über den Nil, schwillt bereits der Verkehrslärm an, doch hier am Wasser ist es noch ruhig. Er schaut zum Himmel – der Mond hängt wie eine bleiche Sichel über der Stadt – und lächelt.

Ragil is-sa'a, der Mann der Stunde, nannte ihn einmal sein Freund, der satirische Schriftsteller Mohammed-Afifi. Nagib Machfus hat seine Zeit wie ein Beamter eingeteilt: seinen Morgenspaziergang zum Café Aly Baba, seinen Besuch in der Redaktion der Zeitung *Al-Ahram*, und jeden Tag sitzt er zur gleichen Stunde an seinem Schreibtisch, ob mit oder ohne Inspiration. So baute er ein monumentales Œuvre auf – mehr als vierzig Romane und Sammelbände mit Erzählungen.

Jeder, der ihn kennt, weiß, wo er zu jeder Tageszeit anzutreffen ist. Selbst das Rauchen folgt einem genauen Zeitplan: jede halbe Stunde eine Zigarette. In dieser chaotischen Stadt bekommt sein Hang zu Disziplin fast etwas Heroisches: Es ist seine Art, um Kairo, dieses vielköpfige Ungeheuer, zu bezwingen, sich gefügig zu machen. Sogar seiner Abwesenheit liegt ein System zugrunde. Im Sommer schreibt er nicht: Seine Augen schmerzen vom grellen Sonnenlicht. Am 15. Juni um zwei Uhr begibt er sich nach Alexandria; drei Monate später kommt er zurück. In Alexandria ist er im Strandcafé San Stefano zu finden oder im Atheneus, gegenüber dem Denkmal von Saad Zaghlul, des Mannes, der 1919 den Aufstand gegen die Engländer anführte und der sein erster politischer Held war.

Kairo ist für Machfus, was Paris für Zola und London für Dickens war. Er hat es erkundet wie kein anderer, seine Straßen benannt, seine Bewohner bis in die kleinsten Details beschrieben. Er kam aus der unteren Mittelklasse, einem Milieu, das in seinem Werk einen wichtigen Stellenwert einnehmen sollte. Er wuchs im Herzen der alten Stadt auf, im Schatten der berühmten Hussein-Moschee, zu der Zeit, als Kairo noch weniger als eine Million Einwohner zählte; inzwischen sind es vierzehn Millionen.

Dort lag auch sein geliebtes Café Fishawi, in dem er Stunden sitzen konnte und wo er Bücher von einem vorbeikommenden blinden Straßenhändler erstand. Jeder kannte ihn, sogar Gemüseverkäufer riefen ihn bei seinem Kosenamen Nugub. Aber er kommt immer seltener hin. Die alten Häuser in der schmalen Straße, in der er geboren wurde, sind zusammengestürzt, neue an ihre Stelle gekommen. Wo früher eine Familie wohnte, wohnen nun fünfzehn, und auf den Dächern häuft sich der Unrat. Eselkarren, Mopeds und hupende Autos verkeilen sich in den staubigen Sträßchen.

Später saß er oft auf der Terrasse des Café Riche im Zentrum der modernen Stadt. Leute flanierten unter den grünen Bäumen, und gegenüber lag das Patisse-rie-Restaurant Groppi, das von einem Schweizer ge-führt wurde. Die Frauen dort trugen Hüte mit brei-tem Rand, und abends spielte ein kleines Orchester. Doch die Bäume vor dem Café Riche sind weg. Und auf der Straße staut sich hupend der Verkehr auf vier Spuren in beiden Richtungen. Groppi wurde von einem islamitischen Besitzer übernommen; Alkohol wird dort seither nicht mehr serviert. Die Stadt hat Machfus in die Außenbezirke vertrieben und ihm nicht viel mehr als diesen Morgenspaziergang gelas-sen; er bewegt sich heute an der Peripherie seiner eigenen Geschichten.

Aber auch hier ist ihm alles vertraut. Er grüßt den Pflanzenverkäufer, der in eine graue Decke gehüllt der Kälte trotzt; der Mann verbeugt sich und flüstert kaum hörbar: »*Ustaz Nagib*...« An der Straßenecke kauft er seine Zeitungen. Die Kairoer erwachen; über ihm öffnet eine Frau das Fenster und klopft eine Decke aus. Er überfliegt die Schlagzeilen. »Amerika-nische Luftwaffe schießt zwei libysche Jagdflugzeuge über dem Mittelmeer ab.« Auf dem Foto darunter ist Präsident Mubarak in inniger Umarmung mit Arafat zu sehen.

Seine Route führt durch einen kleinen Park mit Pal-men, Vogelgezwitscher und dem Geruch von Tieren. Wächter kauern um ein Holzfeuer und wärmen sich die Hände. Am Ende der Straße wartet ein Verkehrs-polizist in ausgeblichener Uniform auf ihn. Der Mann hat seinen kleinen Sohn mitgebracht, den er verlegen vor sich herschiebt. Als sie dem Schriftsteller beide die Hand gedrückt haben, gehen sie weiter, stolz und erleichtert.

Nun muß er über die al-Gala'-Brücke auf die andere Nilseite. Die Luft ist schwer von Auspuffgasen. Vor ihm liegt der Tahrirplatz, die Pforte zu einer Stadt, die sich zu einem höllischen Kampf anschickt. Es ist, als ob er einen Theatersaal betritt – der Platz ist in das rote Licht der aufgehenden Sonne gebadet. Ein Mädchen mit Büchern unter dem Arm lächelt ihn an, doch ein Stück weiter befindet er sich unversehens einer anonymen Masse gegenüber. Zu Hunderten warten sie an den Bushaltestellen. Sie stoßen einander an und beginnen bedeutungsvoll zu flüstern. Sie erkennen ihn, nicht als den Mann, der jeden Morgen ihren Weg kreuzt, sondern als den Mann, dessen Bild in der ganzen Stadt hängt, den Mann aus dem Fernsehen, den Mann, der den Nobelpreis bekommen hat. Aber er konzentriert sich so auf das Überqueren der Straße, daß er ihre Blicke nicht bemerkt. Als er endlich die Chance sieht, zwischen zwei laut hupenden Autos hindurch zu schießen, packt er meine Hand und zieht mich mit.

Kürzlich war der ganze Platz von Polizisten abgesperrt. Befremdet lavierte er sich auf die andere Seite. Als er im Aly Baba ankam, sah er, wer den Aufwand verursacht hatte: ein amerikanischer Senator, der drinnen auf ihn wartete.

Vor der Tür des Cafés verabschiede ich mich. Er schaut mich überrascht an: Er hat sich inzwischen daran gewöhnt, daß Journalisten Fragen stellen wollen, immer wieder dieselben Fragen. »*Vous êtes contente?*« fragt er zögernd, seine Hand in der meinen. Als ich nicke, lacht er breit. »*Eh bien, moi aussi.*« Später am Morgen gehe ich noch einmal am Aly Baba vorbei. Ich sehe ihn oben am Fenster an seinem festen Platz sitzen, vertieft in seine Zeitungen, während der Platz zu seinen Füßen sich allmählich in einen unentwirrbaren Knoten verheddert.

An jenem Nachmittag weckte ihn seine Frau aus seiner Siesta. Er glaubte nicht, was sie ihm berichtete. Als der schwedische Botschafter klingelte, trug er noch seinen karierten Hausmantel. Er wollte den Brief sehen, in dem es schwarz auf weiß stand; dann erst war er überzeugt. Seine Freunde aus dem Café Riche, die nach den Nachrichten spontan in sein Haus kamen, trafen ihn in euphorischer Stimmung an. »Das Café Riche hat den Nobelpreis bekommen!« rief er ihnen entgegen.

Während Journalisten, Freunde und Bekannte herbeiströmten, machte er sich fertig, um auszugehen. Es war Donnerstag, der Beginn des ägyptischen Wochenendes, der Tag, an dem die Männer nach einem erquickenden Mittagsschläfchen und einem Bad in ordentlicher Kleidung auf die Straße gehen; er wollte seine wöchentliche Verabredung mit seinen Freunden im Casino Kasr el Nil nicht versäumen. Doch seine Besucher folgten ihm, und sogar bei seiner Rückkehr tief in der Nacht fand er noch Menschen auf seiner Schwelle vor.

Als am nächsten Morgen wieder ein Journalist klingelte, musterte er ihn gleichsam verwundert: »Sie kommen wegen des Preises? Das war doch gestern!«

Doch schon bald mußte er den Kampf aufgeben. Sein sorgfältig aufgebautes System erwies sich diesem Frontalangriff nicht gewachsen. Grelle Kameralampen beschienen sein Privatleben, das er bisher peinlich von der Außenwelt abgeschirmt hatte. Zum ersten Mal sahen Freunde und Bekannte im Fernsehen sein Wohnzimmer, und in diesem Wohnzimmer seine Frau und seine Töchter. Im Aly Baba wurde er nicht mehr in Ruhe gelassen. Er flüchtete nach Alexandria, in der naiven Annahme, daß ihn dort niemand stören werde. Aber auch dort drängten sich die Nobelpreis-Begeisterten vor seiner Tür.

Seither ist nichts mehr wie früher. Er raucht mehr als üblich und kommt kaum noch zum Schreiben. Neulich rief ihn der saudi-arabische Botschafter an und kündigte seinen Besuch an. Was sollte er machen? Es blieb ihm nichts übrig, als sich geehrt zu zeigen.

Früher spazierte er vom Aly Baba zur Redaktion der *Al-Ahram*, doch an diesem Vormittag fährt pünktlich um neun Uhr ein Chauffeur vor und bringt ihn zu dem Gebäude, in dem er zur Zeit in dem geräumigen Zimmer seines verstorbenen Schriftstellerfreundes Taufik al-Hakim residiert. Den ganzen Vormittag ist ein Kommen und Gehen von Leuten, die ihn beweihräuchern und Fragen stellen. Das Zimmer ist wie sein brauner Nadelstreifenanzug für seine schmale Gestalt eine Nummer zu groß. An der Wand lehnen drei schmeichelhafte Porträts von ihm; auf dem Tisch thront ein protziges Blumenarrangement. Unbehaglich wie in einem Mausoleum läuft er herum auf der Suche nach Papieren, die in einem Raum mit diesen Dimensionen so leicht verschwinden. Ein untergeordneter Angestellter von Herrn Nobel, so kommt er sich vor.

Der einzige, der in vollen Zügen seine neue Funktion genießt, ist sein frischgebackener Sekretär. In einen dreiteiligen Anzug gezwängt durchmißt er die Marmorgänge und platzt beinahe vor Wichtigkeit. Erst gestern noch war Norman Mailer zu Besuch.

Der alte Sabri, ein Hansdampf in allen Gassen in hellblauem Anzug, schaut an diesem Vormittag auch mal kurz vorbei. Er schätzt Machfus wegen dessen Bescheidenheit und ahnt, was für einen Horror all diese Veränderungen für das Leben des Schriftstellers bedeuten. Er vermißt das ansteckende Lachen, das oft in dem mickrigen Zimmer ertönte, in dem Nagib früher mit seinen Freunden an einem mickrigen Schreibtisch saß. In dem neuen Zimmer ist es häufig so still und feierlich.

Doch auch Sabri ist in den Bann der seltsamen Atmosphäre geraten, die den Nobelpreisträger umgibt. In der Lade seines Schreibtisches hat er einen Briefumschlag versteckt, den er neulich erhielt. Geheimnisvoll zeigt er ihn Personen seines Vertrauens. Er trägt eine Briefmarke mit einem Motiv aus dem Roman *Kinder unseres Viertels*, der durch die islamitischen Autoritäten an der al-Azhar-Universität verboten wurde, weil Gott und der Prophet Mohammed darin als lebende Personen dargestellt werden, wo sie doch gemäß der Lehre des Islam ein Mysterium bleiben müssen. Das Buch ist die Sicht des Schriftstellers auf die Weltgeschichte, eine allegorische, unorthodoxe Erzählung, die sich in den kleinen Straßen der alten Stadt und der Wüste dahinter entfaltet. Sabri schließt den Briefumschlag schnell wieder weg. »Eine Nacht hat die al-Azhar geschlafen«, lacht er, »und am nächsten Tag war diese Briefmarke da.«

In den Straßen von Kairo begegnet man seinem Typ noch gelegentlich, doch sie werden immer seltener; alte, sorgfältig gekleidete Männer, die sich mit vorsichtigen Schritten durch das Verkehrsgewühl manövrieren. Sie haben etwas Waches in ihrem Blick, den Schimmer einer lang zurückliegenden Zeit, deren letzte Zeugen sie sind. Es ist das frühere Kairo, das sich in ihren Augen widerspiegelt. Während ich in der Welt von Nagib Machfus umherstreife, fange auch ich manchmal einen Schimmer dieser glorreichen Vergangenheit auf, die inzwischen unter einer dicken Staubschicht verborgen liegt.

Sein Stammtisch am Donnerstagabend, ein Ritual, das Machfus seit Menschengedenken in Ehren hält, hat etwas von diesem magischen Glanz. Es sind gestohlene Stunden in einer Stadt, in der sich alles verändert hat, Stunden, in denen die Zeit sich zu kristallisieren scheint. Casino Kasr el Nil, ein Terrassencafé am Nil; sie sitzen an einem Tisch mit einem weißen Damasttischtuch, fünf Männer, der älteste beinahe achtzig, der jüngste hoch in den Fünfzigern. Nagib Machfus, Schriftsteller; Adel Kamel, Rechtsanwalt; Ahmed Mazhar, Schauspieler; Taufik Saleh, Filmregisseur; Bahgat Osman, Cartoonist. Sechs Uhr abends, die Sonne ist bereits untergegangen, grüne und rote Lampen lassen das Bild sanft aufleuchten; Lichtreklamen am anderen Nilufer spiegeln sich im Wasser. Auf der Brücke steht ein Saudi mit flatterndem Kopftuch, eine Videokamera über der Schulter; vor ihrem Tisch schaukelt ein Fischerboot vorbei.

Nagib Machfus ist seit jeher der treueste Besucher, der Hüter dieses Rituals. Seit Jahr und Tag erscheint er mit einem Kilo Schisch Kebab unter dem Arm. Als

Bahgat Osman einmal anregte, zur Abwechslung mal Fisch mitzubringen, reagierte Machfus ungehalten: Warum Fisch, was sei verkehrt an Kebab?

Die Zusammensetzung der Gruppe hat sich im Lauf der Jahre völlig verändert, die meisten sind inzwischen gestorben, doch Ahmed Mazhar ist ein Besucher der ersten Stunde. Er kam bereits in den vierziger Jahren, als sie sich noch an einer Stelle am Nil trafen, die sie »Teufelskreis« nannten. Der Name *Harafisch* ergab sich später. *Hara* bedeutet »Sträßchen«, *fisch* »kein«. Unbehauste also. Im Volksmund kann das auch »Taugenichtse« bedeuten.

Sie waren jung und hoffnungsvoll, sie wußten noch nicht, was die Zukunft für sie in petto hatte. König Faruk war noch an der Macht, und Mazhar, ein attraktiver Playboy, der später ein berühmter Filmschauspieler werden sollte, war damals noch Kavallerieoffizier. Nasser und Sadat kannte er aus nächster Nähe.

Die Stelle am Nil gehörte ihnen; wenn sie dort Leute antrafen, ersuchten sie sie höflich, sich zu trollen. Sie warteten aufeinander, und wenn sie alle da waren, war das bereits eine Wonne. Jeder brachte etwas mit: Käse, Kebab, Erdnüsse, *Libb*, Sonnenblumenkerne oder *Basbusa*, eine orientalische Süßigkeit.

Eine sanfte Brise wehte vom Wasser her; der Nil war damals noch sauber. Später am Abend machten sie in Autos Spritztouren durch die Stadt und landeten meistens bei den Pyramiden. Bisweilen kam es vor, daß Mazhar mit seinem Dienstwagen eine Inspektionsfahrt absolvieren mußte. Dann fuhren die anderen mit und verhielten sich unterwegs ruhig.

Manchmal fuhren sie zur Villa von Mohammed Afifi an der Pyramidenstraße. Oder sie trafen sich auf einem Boot am Nil, auf dem einer von ihnen wohnte. Sie hörten sich Umm Kalthum an und rauchten Haschisch. Ahmed Mazhar sorgte häufig für weibliche Gesellschaft; er kannte eine Menge Mädchen, die davon träumten, Schauspielerin zu werden und sich gern in ihrem Dunstkreis aufhielten. Machfus arbeitete in jenen Jahren in einem Ministerium – ein Beamter mit zugeknöpfter Jacke, auf dem Kopf einen roten Fes. Aber schon bald sollte er mit den Büchern, die er in den Abendstunden schrieb, auf sich aufmerksam machen. Sein Roman *Die Midaq-Gasse*, der die alte islamitische Stadt zum Schauplatz hatte, war in der literarischen Szene eine Offenbarung. Die schöne Hamida, die Prostituierte wurde; Saita, die Bettler zu Krüppeln machte; Kirscha, der homosexuelle Cafébesitzer, der rauschgiftsüchtig war, es waren Figuren aus dem Kairoer Leben, die bis dahin noch nie beschrieben worden waren.

Aber richtig berühmt wurde Machfus erst nach dem Erscheinen seiner *Kairoer Trilogie*, der bewegten Geschichte einer Kairoer Familie zwischen den beiden Weltkriegen. Der Familienpatriarch Ahmed Abdelgawad, der Held der Trilogie, war ein Monument ägyptischer Traditionen und Widersprüche: Er verbrachte seine Abende in Kabaretts mit leichten Mädchen, schlug aber seine Frau Amina, als sie sich unterstand, allein in die Hussein-Moschee zu gehen. Sein Sohn Kamal repräsentierte das sich verändernde Ägypten: Er las Nietzsche und Darwin und schwor dem islamitischen Glauben ab.

In den folgenden Jahren wurden die Bücher von Machfus durch Cineasten wie Saleh Abu Seif verfilmt, mit Darstellern wie Omar Sharif in der Hauptrolle.

Seine Freunde mußten die ganze Zeit über annehmen, daß Machfus Junggeselle sei und bei seiner Mutter wohne. Abends ließ er sich an der al-Gala'-Brücke absetzen; er gehe gerne zu Fuß nach Hause, sagte er. Bis einem seiner Freunde der Verdacht kam, daß er eine Geliebte habe, und er beschloß, ihm zu folgen. Er sah ihn in ein Haus am Nil-Boulevard gehen. Einige Zeit darauf hörten sie von einem Bekannten, daß dessen zwölfjährige Tochter mit einem Mädchen zur Schule gehe, das nach Umm Kalthum genannt sei und behaupte, die Tochter von Nagib Machfus zu sein. Ihr Freund war verheiratet und obendrein Vater zweier Töchter!

Ahmed Mazhar ist inzwischen in den Siebzigern und wohnt in Dokki, einem Außenbezirk der Stadt. Wenn Kairo von einem Tag zum anderen so geworden wäre, wie es jetzt ist, hätte er eine Revolution angezettelt. Aber es ist ganz allmählich so gekommen wie bei einer schleichenden Krankheit. Manchmal empfindet er den Niedergang wie einen jähen Schlag ins Gesicht. Kürzlich sah er einen Soldaten, der gegen eine Mauer gelehnt stand. Als ein Feldwebel vorbeikam, spazierte der Soldat gelangweilt auf ihn zu; er nahm nicht einmal seine Hände aus den Hosentaschen, als er mit seinem Vorgesetzten sprach! So etwas wäre früher undenkbar gewesen.

Machfus hat ihn inmitten dieser ganzen Entwicklungen immer in Erstaunen versetzt. Die meisten beginnen als Engel, verändern sich jedoch, sobald sie Macht bekommen. Er erlebte, wie es mit Nasser passierte, und später mit Sadat. Doch Nagib blieb immer derselbe. Als sie zu ihm sagten: Du bist wie Camus, fühlte er sich nicht besonders geehrt. Man konnte ihm nicht schmeicheln. Er war seiner selbst sicher, er fühlte sich nie klein, aber auch niemals groß.

Mazhars Gesicht ist zerfurcht, seine Augen sind schlecht geworden, doch seine hohe schmale Gestalt läßt noch die Anmut früherer Jahre ahnen, und er entpuppt sich als galanter, exzentrischer Gastgeber. Es ist drei Uhr nachmittags, wir trinken Wodka und Whisky, und sehr bald hat er den ursprünglichen Zweck meines Besuchs vergessen. Er verschwindet in der Küche, um ein Huhn zu grillen, kurz darauf ist das ganze Appartement rauchgeschwängert, und wir sind beide damit beschäftigt, den ausbrechenden Brand zu löschen.

Von diesem Moment an entgleist mein Besuch auf typische Kairoer, vergnügliche Weise. Mazhar spielt eine Weise auf einer arabischen Laute, zeichnet ein Pferd für mich und unternimmt sogar den Versuch, mir aus der Hand zu lesen. Ich schaue in sein Bücherregal – Tolstoj, Tschechow, Susan Sontag, Anatole France – und blättere in alten Fotoalben, in denen ich ihn als den verführerischen Ingenieur in *Der Ruf des Brachvogels* wiedererkenne, einem Film von Henry Barakat, mit der berühmten Faten Hamama als Gegenspielerin. Als ich spätabends ein Taxi nehmen will, ist er unerbittlich: Eine Frau allein auf die Straße zu lassen, das kommt nicht in Frage. Mit seinem kleinen Fiat bringt er mich nach Hause.

Auch die anderen Harafish-Gefährten erweisen sich als vielseitige, etwas exzentrische Herren. Ihr freidenkerischer Einschlag – eine Eigenschaft, die im heutigen Kairo mit seinem aufflackernden religiösen Extremismus kaum noch zu finden ist – scheint durch ihr Alter kaum angetastet. Es verbindet sie eine warme, komplexe Freundschaft, die Art Freundschaft, die Männer in einem Land aufbauen, in dem ihre Welt von der der Frauen getrennt ist.

Als Bahgat Osman, der Benjamin der Gesellschaft, vor etwa zwanzig Jahren zum erstenmal ein Harafisch-Treffen besuchte, war es eine seiner vielen Verabredungen im Lauf einer Woche. Heute ist es die einzige; manchmal kommt er eine ganze Woche nicht aus dem Haus. Wie Machfus steht er in den frühen Morgenstunden auf; es ist die einzige Zeit, zu der er Kairo ertragen kann. In seinen Cartoons hat er ein diktatorisches Reich geschaffen – Bahgatia –, in dem der übermächtige Präsident Bahgatus der Alleinherrscher ist.

Vor kurzem war er krank. Eines Nachmittags standen Nagib Machfus und Taufik Saleh vor der Tür. Er war gerührt. Nagib, ein Mann von siebenundsiebzig, hatte fünf Treppen hinaufklettern müssen! Aber das schien den Schriftsteller nicht im geringsten zu kümmern. Er habe ihn vermißt, sagte er, er wolle wissen, wie es ihm gehe.

Die Harafisch-Abende laufen noch immer wie eh und je ab. Nachdem sie sich im Casino getroffen haben, hören sie bei dem einen oder anderen zu Hause Musik und rauchen Haschisch. Später am Abend fahren sie aus der Stadt hinaus und halten in der Nähe der Pyramiden, um einen Spaziergang zu machen. Es sind Abende, an denen sie allerlei Förmlichkeiten fallenlassen, aber dennoch reden sie einander nie ohne das türkische Suffix *Bey*, Herr, an.

In *Das Hausboot am Nil* beschreibt Machfus eine solche Gruppe Männer, die sich Abend für Abend auf einem Hausboot am Nil treffen. Der Roman erschien am Vorabend des Sechstagekriegs, und laut Ahmed Mazhar kommen darin alle Harafisch-Mitglieder von damals nur leicht getarnt vor. Das Buch ist vom Geruch von Haschisch gesättigt. Aber was auf den ersten Blick die verworrene Rabulistik einer Gruppe Intellektueller unter Drogeneinfluß schien, erwies sich später als die visionären Gedanken eines Schriftstellers, der erkannte, wie das Land einer Katastrophe entgegenstürzte.

Viele Schriftsteller in Kairo hatten früher eine *Nadwa*, eine Art Salon. Nagib Machfus ist einer der wenigen, der den Brauch in Ehren hält. Es ist eine Manier, seine Zeit zu organisieren: Jeder, der ihn sprechen will, kann ihn am Freitagnachmittag im Casino Kasr el Nil treffen. Die Besucher sind junge Schriftsteller, Dichter, Journalisten, Ingenieure, Akademiker, Kairoer, die mitten im Leben stehen und ihn darüber, was sich in seiner Stadt ereignet, auf dem laufenden halten.

Es ist sein wöchentliches Rendezvous mit dem modernen, gepeinigten Ägypten. Zu seiner Zeit konnte er von seinem Gehalt als Beamter ein respektables Leben führen, seine jungen Besucher werden vom Alltag aufgezehrt und versuchen sich mit einer Menge Jobs über Wasser zu halten.

Früher trafen sie sich im Café Riche. Als Machfus – der immer ein dezidierter Gegner der aufreibenden Kriege war, die Ägypten führte – sich 1979 als Befürworter der Abkommen von Camp David entpuppte, erhitzten sich die Gemüter während der *Nadwit Machfus* derartig, daß die Polizei beschloß, das Café Riche freitags zu schließen. Seither sitzen sie hier zusammen.

Ruhiger ist es dadurch nicht wirklich geworden. Das Emporkommen des islamitischen Fundamentalismus, der Mangel an Demokratie, das Verhältnis Ägyptens zum Westen, das Leben unter Nasser, Sadat und Mubarak – mit schöner Regelmäßigkeit entbrennen darüber leidenschaftliche Diskussionen. Aber ebenso häufig wird hier herzlich gelacht. Humor ist eine Eigenschaft, die auf dieser Walstatt zerronnener Träume und zerstörter Karrieren in hohem Maß geschätzt wird.

Auch hier ist das Nobelpreisfieber zu spüren. Früher saßen sie schon mal zu fünft beisammen, in den letzten Monaten sind viele Neugierige hereingeschneit, und ihre Zahl steigt oft genug auf dreißig an. Manche kommen extra früh, um sich einen Platz an dem langen Tisch zu sichern. Das Blitzlicht der Kameras erschreckt niemanden mehr.

Als Machfus an diesem Nachmittag pünktlich um fünf Uhr erscheint, schnellen alle wie ein Mann hoch. Der Meister schüttelt jedem die Hand, tauscht Grüße aus, setzt sich, klatscht in die Hände, ruft »Maître!« und bestellt Kaffee. Dann nimmt er seine Zigaretten und das Feuerzeug aus der Tasche und legt sie auf den Tisch. Es sind sparsame Gesten, die er jede Woche wiederholt. Sobald der Kaffee gebracht wird, zündet er seine erste Zigarette an. Den Mantel behält er an; manchmal macht er nach einiger Zeit einen Knopf auf.

Mit erwartungsvollem Lächeln blickt er in die Runde. Neben ihm produziert sich der Drehbuchautor Ali Salem, ein voluminöser Brocken mit grenzenloser Energie und großem schauspielerischen Talent, mit einer Reihe Anekdoten über eine komische Fernsehserie aus seiner Feder, die gerade gedreht wird. Machfus ist schwerhörig; als ihm alles zu schnell geht, läßt er sich von seinem Gegenüber soufflieren.

Sobald Mohammed, der Ingenieur in einer amerikanischen Firma ist, seinen Mund aufmacht, zischt Ali Salem zwischen den Zähnen »Nasser«, worauf der Tisch in dröhnendes Gelächter ausbricht, denn Mohammed ist ein notorischer Nasser-Hasser. Er hält ein langes, verworrenes Plädoyer, bei dem die anderen schnell ungeduldig werden, doch Machfus – den Kopf auf eine Hand gestützt – hört ihm zu.

Als Mohammed und der junge Dichter Adel Essat einander später am Abend über die Qualitäten des syrischen Dichters Adonis in die Haare geraten, redet Machfus beschwichtigend auf sie ein: »Der eine mag Adonis, der andere nicht, wo liegt da das Problem?« Ich muß daran denken, was Bahgat Osman sagte: »Machfus hat mich gelehrt, was Demokratie ist, er ist dazu fähig, sich staunend die widersprüchlichsten Argumente anzuhören.« Es handelt sich offenbar um eine seltene Eigenschaft in dieser tumultuarischen Gesellschaft, in der alle prinzipiell verschiedener Meinung sind. Doch als Machfus spricht, scheinen sie kurz zur Besinnung zu kommen, und ich höre, wie sogar Mohammed zustimmend murmelt: »Sahh, sahh.«

Neben mir sitzt Mustafa, ein Biochemiker an der Ain-Shams-Universität. Er war von der Zuerkennung des Nobelpreises so bewegt, daß er für den Schriftsteller eine kleine chinesische Vase kaufte. »Es ist nicht so absonderlich, daß wir glücklich sind«, sagt er, »es war der erste Sieg, den wir seit dem Krieg von 1973 errungen haben.« Adel und Mohammed streiten inzwischen über William Faulkner. Als auch die Namen von Joyce und Proust durch die Gegend fliegen, schaut mich Mustafa wie die Kuh vor dem Scheunentor an. »Da komme ich nicht mehr mit. Das einzige, was ich sagen kann, ist: Es dreht sich nicht um Biochemiker.«

Ali Salem ist das Gekabbel leid und beschließt, drastisch dazwischenzufunken. Den Schalk im Nacken blickt er um sich: »Leute, habt ihr schon gehört, daß in Alexandria ein *Ta'miya*-Kongreß stattfindet?« Alle beginnen zu lachen. Ta'miya – fritierte Klößchen aus Kichererbsen – ist ein beliebtes ägyptisches Gericht; in *Ortas*, spitze Tüten, gefüllt, wird es auf der Straße massenweise verkauft. »Der Nil ist verschmutzt, die Ozonschicht wird zerstört, und in Alexandria organisieren sie einen Ta'miya-Kongreß!« ruft Ali Salem.

Neben mir beginnt Mustafa unbehaglich auf seinem Stuhl hin- und herzurutschen. Untersuchungen haben ergeben, daß das Öl, in dem Ta'miya immer wieder aufs neue fritiert wird, krebserzeugend ist. Er erhebt sich und beginnt in großer Erregung zu argumentieren. Doch niemand hat Lust, ihm zuzuhören, sie wollen alle mehr von Ali Salems beißendem Kommentar mitbekommen. Der schaut ihn wie ein Unschuldsengel an: »Worüber regst du dich auf, Mustafa? Hast du dem Kongreß vielleicht ein *paper* geliefert? Bestimmt eine Papiertüte!« Als eine Lachsalve losbricht, fällt Mustafa geschlagen in seinen Stuhl zurück. Am Ende des Tisches lächelt Machfus abwesend. Er ist noch vorhanden, er genießt den Betrieb und das Lachen, doch sein Blick hinter den dunklen Brillengläsern ist nach innen gerichtet. Er erinnert mich an den alten Gebelawi, den Gott aus seinem Roman *Die Kinder unseres Viertels*. An einen Mann, der sich hinter die Mauern seiner Festung zurückzog, wo er sich allmählich in seinen eigenen Schatten verwandelte, einen Mann, der noch zu Lebzeiten zur Legende wurde.

1989

1994 wurde von Fundamentalisten ein Mordanschlag auf Nagib Machfus verübt. Der Dichter überlebte zwar das Attentat, doch die rechte Hand blieb gelähmt, so daß er seither nicht mehr schreiben kann. [Anm. d. Übers.]

Abdelaziz

ABDELAZIZ legt seinen Arm um meine Schulter und bugsiert mich in Richtung Ausgang. Die Straßen von Kairo sind regennaß – auf der Hinfahrt zum Kino ist ein schleuderndes Auto auf mein Taxi aufgefahren – aber Abdelaziz ist im Besitz eines soliden russischen Jeeps. »Geländegängig!« lacht er, während er die Tür für mich aufhält.

Ich erkannte ihn auf der Leinwand sofort wieder. Die Rolle eines engagierten jungen Mannes, der es mit den korrupten Händlern im Kairoer Basar aufnimmt, war ihm auf den Leib geschrieben. Am Ende ging er nach vorne, ein hochgewachsener schlanker Mann, einen englischen karierten Schal lässig umgelegt, ein Barett auf dem Kopf – die ausgetüftelten Attribute eines intellektuellen Bohemiens. Er nahm den Applaus mit entrücktem Lächeln entgegen.

Im Auto nimmt er sein Barett ab. Besorgt schaut er in den Rückspiegel. »Daß ich eine Glatze bekomme, stört mich. Und daß ich vierzig geworden bin – das finde ich abscheulich.«

»Aber es geht dir besser als vor sieben Jahren«, sage ich. Damals war er schwierig, gerade zurück aus Frankreich, wo er studiert hatte, erfüllt von der Ungeduld, die Menschen häufig zeigen, wenn sie zu lange weg gewesen sind. Die Bilder des mondänen Paris

hatten sich unauslöschlich in seine Netzhaut einge-
brannt. Was hatte er erwartet? Daß Kairo zu Ehren
seiner Heimkehr die Straßen kehren würde? Er wirkt
nun ruhiger, weniger gehetzt.

Wir fahren in das moderne Zentrum der Stadt,
doch das Café Riche und das Cap d'Or sind zu dieser
Stunde bereits geschlossen. Und als wir im Hotel
Odéon ankommen, teilt uns der Mann an der Rezep-
tion unter Entschuldigungen mit, daß der Lift zum
Café im zehnten Stock kaputt ist. Abdelaziz läßt ein
Donnerwetter los, und kurz erlebe ich, wie er wieder
in seine alte Art verfällt; maulend geht er vor mir das
spärlich beleuchtete Treppenhaus hinauf.

»Worüber du dich aufregen kannst!«

»Der Lift ist schon seit Wochen kaputt, warum
reparieren sie ihn nicht?« Er seufzt. »Und so geht es
hier mit allem.«

In der Bar wird er erkannt. Er schüttelt Hände,
und einige kommen zu ihm, sobald wir einmal sitzen, andere beobachten ihn heimlich aus der Entfer-
nung und beginnen zu flüstern. »Das hast du davon,
wenn du Schauspieler bist«, sagt er, »Leute starren
dich schamlos an, als ob sie für dich unsichtbar
sind.«

Er hat in diesen Tagen Aufnahmen für eine ägyptische Fernsehserie. Darin spielt er einen Schriftsteller,
der alles satt hat und ankündigt, daß er vom Turm
von Kairo, dem höchsten Monument der Stadt, springen wird.

»Früher hast du dich geweigert, in Fernsehserien
zu spielen«, erinnere ich mich.

Abdelaziz macht eine wegwerfende Handbewegung. »Früher habe ich alles abgelehnt. Eines Tages

sagte jemand zu mir: Wenn du so weitermachst, drehst du durch. Du mußt dich in irgend etwas hineinstürzen – wenn du einmal mittendrin steckst, kannst du dich noch immer für deinen eigenen Weg entscheiden. Das habe ich mir ein für allemal hinter die Ohren geschrieben. Ich glaube, daß er recht hatte.«

Mit den letzten Gästen gehen wir hinunter. Die Straßen haben sich in Flüsse verwandelt, doch es hat aufgehört zu regnen. Nacht in Kairo, die Stunde, in der arme Teufel aus ihren Höhlen kriechen und durch die Stadt zu streunen beginnen. Bei einem Müllcontainer sehen wir, wie sich etwas bewegt; es ist ein in Lumpen gehüllter Mann, der wie eine Ratte die Wand hinaufklettert.

Abdelaziz war siebzehn, als er nach Kairo kam – Sohn eines Grundbesitzers, der Schauspielerei studieren wollte. Am Tag nach seiner Ankunft kam sein Bus mit einem Ruck zum Stehen. Durch das Fenster sah er einen Jungen auf den Straßenbahnschienen liegen. Er war gleichaltrig und wimmerte vor Schmerzen, während er seinen Fuß umklammerte, der nur noch durch ein paar widerlich weiße Muskelstränge mit seinem Bein verbunden war.

Abdelaziz konnte seinen Blick nicht von dem Unfall abwenden. Es war einer der ersten Eindrücke, den die Stadt ihm bot: ein gräßlich verstümmeltes Bein, die verzerrte Grimasse des Jungen, die anonyme Gruppe Neugieriger um ihn herum – und am Rand des Tableaus raste die Stadt weiter, hupten Autos ungeduldig, überquerten Menschen gehetzt die Straße. »Manchmal träume ich noch davon«, sagt er. »Die Stadt ist mir nie so vertraut geworden, daß ich dieses krude Bild vergessen konnte.«

Inzwischen wohnt er mit Frau und Kind in einem winzig kleinen Appartement – man glaubt, daß man in der Diele steht, doch es stellt sich heraus, daß es das Wohnzimmer ist. Das Appartement liegt in unmittelbarer Nähe des Nils, in dem Teil der Stadt, der im vorigen Jahrhundert durch Mohammed Ali, den von der Hohen Pforte eingesetzten Pascha von Ägypten, gebaut wurde. Dem spukte Napoleon im Kopf herum: Er wollte majestätische Boulevards, die in Plätze mit Denkmälern mündeten. Inzwischen platzt dieser Teil der Stadt aus allen Nähten; zwischen den alten Gebäuden sind neue Appartementhäuser emporgeschossen, und der Sand, der aus der Wüste herbeigeweht wird, hat sich unerbittlich in allen Ritzen von Mohammed Alis Traum eingenistet. Die Gänge in Abdelaziz' Haus sind voll davon, er häuft sich im Hof und vermischt sich mit dem Müll, der aus allen Stockwerken hinuntergeworfen wird. Manchmal spricht Abdelaziz den *Bawab* – den Wächter – darauf an, der den ganzen Tag in einem Stuhl vor dem Eingang vor sich hin döst. Der Mann schaut ihn ungnädig an, ohne zu begreifen: Er sieht den Dreck nicht.

Jeden Morgen um fünf Uhr schreckt Abdelaziz aus dem Schlaf hoch, wenn aus den krächzenden Lautsprechern von gleich vier Moscheen um sein Haus das *Allahu akbar* erschallt. Moscheen – er hat sie in den letzten Jahren wie Pilze aus dem Boden schießen sehen. Die islamitischen Stadtteilausschüsse haben ihre eigenen Kinderhorte und Krankenhäuser, sie sorgen für ihre Anhänger von der Wiege bis zum Grab. Es ist ihm klar, daß das für Arme oft der einzige Ausweg ist, doch die Entwicklung macht ihm auch Angst. In dem Viertel wird eifrig rekrutiert; alte Männer gehen von Tür zu Tür und fragen, warum sie dich nie in der Moschee sehen. Manchmal erschrickt er, wenn an der Tür geklingelt wird; er fragt sich, ob sie es sind. Und was er dann sagen soll.

Die Luft in seiner Straße ist von Öl und Benzin geschwängert. Unter dem blauen Himmel sind Automechaniker mit Schweißen, Klopfen, Hämmern und Ausbeulen beschäftigt; sie drohen, einen immer größeren Teil der Straße in Beschlag zu nehmen. »Du kommst nie drauf, was ich neulich sah, als ich mich über die Balkonbrüstung lehnte«, sagt Abdelaziz. »Der Nachbar unter mir saß auf einem Stuhl mitten auf der Straße, trank Kaffee und rauchte seine Wasserpfeife! In aller Gemütsruhe, als ob die Straße ihm gehöre!«

Ich lache. Wer wundert sich noch über so etwas? Nur Abdelaziz. Dörfler sind in den letzten Jahrzehnten in die Stadt gezogen, als ob draußen auf dem Land ein Krieg wüte. Auf Dachterrassen bauen sie mit spärlichen Mitteln ihr Dorf nach: Verschläge, um darin zu schlafen, Verschläge für die Hühner und Tauben. Tagsüber verkaufen sie an der Straßenecke Zigaretten und Kaugummi oder schleppen auf ihren verkrümmten Rücken Müll herum. Sie sind wie der Sand, der aus der Wüste herbeiweht: Sie nagen an der Stadt und ihren Fundamenten.

Durch diese Stadt fahre ich mit Abdelaziz. Unterwegs hält er zum Tanken an einer Garage. Ein kleiner Junge, der in einer *Gallabia* – einem langen Gewand – auf einem kaputten Auto sitzt, schaut ihn mit ungläubigen Augen an: ein Mann, der aus dem Fernseher gestiegen ist! Er lacht, springt vom Auto und rennt weg, um seine Freunde zu holen. Kurz darauf hat sich eine ganze Gruppe von Habenichtsen in zerrissenen Gallabias versammelt, die Abdelaziz feixend angaffen.

Er reagiert nicht auf ihre Blicke, doch als wir wegfahren, sagt er: »Hast du die Jungen gesehen? Das ist mein Publikum. Die Ärmsten der Armen. Sie hocken am häufigsten vor dem Fernseher, es ist das einzige Vergnügen, das sie sich leisten können. Sie mögen die aufsässigen Figuren, die ich spiele; sie erkennen sich selbst darin. Als ich das entdeckte, begann meine Arbeit zum ersten Mal Sinn für mich zu bekommen.«

An einer Ampel ruft ein Mann ihm zu: »*Taha Samahy!*« Abdelaziz muß darüber lachen. Menschen bringen ihn oft mit den Rollen durcheinander, die er spielt. Taha war ein armer Student in einer Fernsehserie, der sich in die Tochter eines Polizeichefs verliebte. Ihr Vater wollte nicht, daß sie ihn heiratete, doch Taha ging als Polizist verkleidet in ihr Haus. Sobald er drinnen war, beschimpfte er den Vater. »Jeder Ägypter träumt davon, einmal auf diese Weise einen Polizeichef zu beschimpfen«, sagt Abdelaziz vergnügt. »Manche können ganze Sätze aus diesem Monolog auswendig!«

Aber es wird immer schwieriger, Szenarios zu finden, in denen solche Typen vorkommen. Der Inhalt ägyptischer Filme wird heute durch die Golfaraber diktiert, die größten Abnehmer von Videofilmen. »Und die wollen Unterhaltung, kein Engagement.« Die Kinosäle sind voll von Kulturbanausen, klagt er: von Golfarabern und Vertretern der ägyptischen

Bourgeoisie, die in der Zeit von Sadat hochgekommen ist. Mit dieser Sorte Filme will er nichts zu schaffen haben. Doch die finanziellen Verlockungen sind groß, und in seinem Umkreis haben eine Menge Regisseure und Schauspieler ihre Seele verkauft.

Auch an ihn trat die Versuchung heran. Letztens spielte er in einer Fernsehserie Ahmed, einen Ingenieur aus der Provinz, der wegen seiner Gewerkschaftsarbeit in einer Fabrik entlassen wurde und beschloß, selbst eine kleine Fabrik aufzubauen. Als die durch seine Widersacher angezündet wurde, verlor Ahmed den Boden unter den Füßen. Er ging nach Kairo und irrte durch die Straßen; er sah aus wie ein Verrückter, doch wenn er redete, überraschte er alle mit seinen klaren Aussprüchen. Wochenlang verfolgten die Kairoer seinen Leidensweg durch die Straßen ihrer Stadt.

Kurz darauf trat eine islamitische Bank an Abdelaziz heran. Sie beglückwünschten ihn zu seiner glänzenden Darstellung des Ingenieurs und machten ihm ein Angebot. Sie hatten einen Häuserkomplex für junge Führungskräfte gebaut; ob er nicht in der Rolle von Ahmed in einem Werbespot für dieses Projekt auftreten wolle? Sie boten ihm einen für ägyptische Begriffe exorbitanten Betrag: fünfzigtausend Pfund.

Abdelaziz war ihre Absicht klar: Sie wollten den Ägyptern zeigen, daß Ahmed, den sie wegen seiner Ehrlichkeit und Unerschütterlichkeit bewunderten, zu der Bank Vertrauen habe. »Ich habe mich über die Summen informieren lassen, die sie für die Häuser verlangten. Es war viel zuviel, ein Ingenieur könnte das niemals bezahlen.« Die fünfzigtausend Pfund gingen ihm noch eine Zeitlang durch den Kopf – er verstand plötzlich den Zwiespalt, in dem sich viele seiner Kollegen befanden. Doch als ihn die Bank wieder anrief, tat er das, was seiner Meinung nach auch Ahmed getan hätte: Er lehnte ab.

Manchmal wird Abdelaziz morgens wach, geht auf den Balkon und denkt: Ich muß weg, ich ersticke hier, ich halte es nicht mehr aus. Dann fährt er zur Oase von El-Faijum, die hundert Kilometer von Kairo entfernt liegt. Vor sieben Jahren sprach er bereits davon – inzwischen hat er dort ein kleines Haus gebaut. Er muß hin, um Feigenbäume zu pflanzen und schlägt mir vor, mitzukommen.

Wir wollen für unterwegs Mandarinen kaufen. Der Straßenhändler wirft einen kurzen Blick auf mich – die naive Ausländerin – und nennt seinen Preis, worauf Abdelaziz ihn heftig beschimpft. Mit leeren Händen gehen wir zum Auto zurück. Ich versuche ihn zu beschwichtigen: Was machen die zwanzig Piaster schon aus, die er uns draufschlagen wollte? »Nein, es geht ums Prinzip!« ruft Abdelaziz. »Er nennt einfach einen Betrag, er weiß, daß sein Preis zu hoch ist. Die ganze Stadt ist voll von dieser Art Parasiten, das Land geht daran kaputt!«

Als wir aus der Stadt hinaus fahren, erzählt er tausend Sachen, wie eine überhitzte Maschine. Gestern hatte er einen Außendreh für die Fernsehserie über den Schriftsteller, der vom Turm von Kairo springen will. Der Drehort lag in unmittelbarer Nähe der Hussein-Moschee, sie hatten versprochen, ihn anzurufen, sobald sie so weit seien. Um zwei Uhr nachmittags hatte er noch immer nichts gehört. Dann rief ihn jemand in Panik an: »Wo bleibst du in Gottesnamen, wir warten schon seit zehn Uhr auf dich!« Er hastete in die alte Stadt. Als er ankam, herrschte großes Erstaunen: »Was willst du hier? Du bist zu früh, du bist erst heute abend dran.«

Um acht Uhr abends fuhr er wieder hin. In der Umgebung der Hussein-Moschee war viel Verkehr. Als er endlich einen Parkplatz für seinen Jeep gefunden hatte, kam ein alter Mann auf ihn zugelaufen, der ihn mit Lobeshymnen überhäufte: welche Ehre, ihm begegnen zu dürfen, so einem großen Schauspieler, ob er denn wisse, wie er in der alten Stadt angebetet werde... Abdelaziz war in Eile, er wollte mit dem Gespräch Schluß machen, aber nun packte der Mann seine Hand und begann zu jammern: Seine Frau liege im Krankenhaus, ob Abdelaziz ihm nicht zehn Pfund geben könne?

»Immer dasselbe!« Abdelaziz schüttelt zornig den Kopf. »Die glauben, daß alle Schauspieler reich sind. Überall, wo ich hinkomme, erwarten sie eine milde Gabe von mir. Und ich schäme mich, nein zu sagen; ich möchte sie nicht enttäuschen.«

Wir haben die Pyramiden hinter uns gelassen und fahren in eine kahle, hügelige Wüstenlandschaft. »Es war eine lästige Szene, die ich spielen mußte«, sagt Abdelaziz, plötzlich nachdenklich. »Mein Gegenspieler war früher ein Freund von mir, aber er hat sich völlig von den Saudis einwickeln lassen, ich habe ihn einmal fürchterlich angestänkert. Seither reden wir nicht mehr miteinander.«

Im Film begegnen sie einander in einem Café: Abdelaziz als desillusionierter Schriftsteller, der Selbstmord begehen will, sein Gegenspieler ein erfolgreicher Autor von Groschenromanen. »Es war das erste Mal seit dem Streit, daß wir einander wiedersahen. Wir saßen an dem Tischchen und schauten aneinander vorbei. Das eigenartige war: Ich merkte, daß er Angst hatte, und konnte mir nicht denken, warum. Was hätte ich tun sollen? Ihm ein Glas heißen Tee ins Gesicht schütten?« Abdelaziz lacht bei dem Gedanken.

»Was hast du getan?«

»Wir haben einander behandelt, wie es das Drehbuch vorschrieb: Er war arrogant, er fragte, ob ich noch immer so unbeugsam sei, worauf ich ihm gehörig aufs Dach stieg. Nachdem die Szene im Kasten war, bin ich sofort weggegangen.«

Unterwegs spüre ich, wie Abdelaziz ruhiger wird. Er zeigt auf die Reiher in der Ferne, kauft lebende Hühner für das Abendessen und beginnt nach einiger Zeit sogar, vor sich hin zu summen. In der Stadt ist er fast immer dandyhaft gekleidet, nun trägt er eine Velourshose, eine Armeejacke und auf dem Kopf eine Wollmütze – die Freizeitkleidung eines Landadeligen. Auf dem Dachträger hat er junge Feigenbäume festgezurrt.

Der opalblaue See von El-Faijum taucht wie eine Luftspiegelung aus der Wüste auf; an beiden Seiten des Weges liegen verwitterte Dörfer, eingebettet in hellgrüne, wogende Felder. Nach Kairo, das immer in einen Schleier von Sand und Auspuffgasen gehüllt ist, schmerzen diese verschwenderischen Farben beinahe in den Augen.

»Da ist es.« Abdelaziz zeigt auf eine idyllische Ansammlung kleiner Häuser, die sich vor uns erhebt. Gegen den Horizont zeichnen sich in endloser Wiederholung ockergelbe Kuppeln und Bögen ab – eine Landschaft wie aus einem orientalischen Märchen.

Sobald Abdelaziz den Hang hinauffährt, tauchen hinter dem Hügel wie auf Kommando drei Knirpse in Gallabias auf, die auf uns zurennen. »Jungen aus dem Dorf«, sagt er, »ich habe sie nie um etwas gebeten, aber sie kommen seit Anfang an, sie gehören zum Haus.« Sie begrüßen uns überschwenglich, beginnen auf der Stelle, den Jeep auszuladen, lösen die Stricke von den Feigenbäumen und sitzen dann laut schnatternd auf der Treppe in Erwartung weiterer Anweisungen.

Stolz führt Abdelaziz mich herum. Das Haus ist in einem verspielten Stil gebaut; in die Kuppeln sind Glaskugeln eingelassen, die vielfarbiges Licht ins Innere werfen. Das Sommerzimmer geht auf den See hinaus, das Winterzimmer hat einen offenen Kamin. »Baue mit dem Material, das du an Ort und Stelle findest«, riet ihm der alte ägyptische Architekt Hassan Fathi. Abdelaziz stieß auf Lehm und ließ Arbeitskräfte aus dem Süden kommen, die einzigen, die wissen, wie man mit Lehm bauen muß. In der Umgebung haben sich inzwischen weitere Künstler niedergelassen, die auf ähnliche Weise gebaut haben. »Die Dorfbewohner werden nicht schlau daraus, sie sagen: Du bist doch ein *Bey* aus der Stadt, warum baust du kein amerikanisches Haus mit Zement?«

Er schlachtet die Hühner, die Knirpse auf der Treppe rupfen sie. Später erklingen ihre hellen Stimmen im Garten, wo sie das Feuer im Lehmofen anfachen. Wir gehen zum See. In der Ferne, jenseits des Wassers, beginnt bereits wieder die Wüste – einst das beliebte Jagdgebiet der Pharaonen. »Das hier ist die schönste Stelle in ganz El-Faijum«, sagt Abdelaziz, »das erkannte ich bereits, als ich vor Jahren hierherkam. Ich kampierte genau auf diesem Platz, erst in einem Schlafsack, später in einem Zelt oder in meinem Auto. Damals gab es hier überhaupt noch keine Häuser. Die Dorfbewohner haben die Angewohnheit, wie die Kletten aneinander zu hängen, sie trauten sich nicht, hierherzukommen, weil hier niemand wohnte.«

Er starrt über das Wasser. »Heute gebe ich mich mit einfachen Dingen zufrieden: dieses Haus in El-Faijum, Jagen mit meinen Freunden. Wenn du wüßtest, wie viele Träume ich früher hatte! Ich wollte in Kairo ein neues Theater gründen, ich wollte... wie sich ein Mensch doch verändern kann, ich hätte es selbst niemals für möglich gehalten.«

Zu Hause macht Abdelaziz den offenen Kamin an. Nach dem Essen sitzt er auf einem Kissen unter einer kuppelförmigen Nische im Winterzimmer, während einer der Knirpse Tee bereitet. Er überfliegt ein neues Filmszenario, und manchmal höre ich ihn seufzen. Wie er da sitzt, den Kopf mit der Strickmütze gegen die rostbraune Mauer gelehnt, einen blauen Burnus um die Schultern geschlagen, ist er wie eine Figur aus einem seiner Filme: ein Mann, hin und her gerissen zwischen der Stadt und dem Dorf, zwischen einer großen Sache und so vielen kleineren.

Als ich wach werde, höre ich draußen fröhliches Lachen. Es steht ein Moped vor der Tür, und durch das Fenster sehe ich Abdelaziz mit einer Gruppe Männer reden. Die Knirpse sitzen bereits wieder auf der

Treppe. In der Küche steht frische Milch und weißer Bauernkäse.

Den ganzen Vormittag werden Dorfbewohner draußen und im Haus herumhängen. Sie kommentieren die Entwicklung im Garten, schaffen Steine herbei, um die Terrasse zu erhöhen, machen ein Feuer, um eine Wasserpfeife zu rauchen. Abdelaziz inspiziert in der Hocke die Blumen hinter dem Haus, pflanzt die Feigenbäume und jätet Unkraut. Später sitzen die Dörfler in einem Kreis um ihn herum und feilschen um die Bezahlung für ihre Arbeit.

Gegen vier Uhr beginnen die Knirpse, das Gepäck wieder in den Jeep zu laden. Bedrückt klemmt sich Abdelaziz hinter das Steuer. Morgen früh muß er wieder an die Arbeit; oder vielleicht auch nicht. Er läßt im Dorf sein Reserverad reparieren, kauft Orangen und frischen Fisch für zu Hause. Als die Abschiedsrituale vorbei sind, ist die Dämmerung bereits hereingebrochen.

Auf der Rückfahrt weist er auf die Stelle, wo er nachts einmal einen Wolf geschossen hat und wo er mit seinen Freunden auf Jagd nach Wildenten geht. Dann erzählt er über die drahtlose Telefonverbindung zwischen Kairo und El-Faijum, die er installieren will. Dadurch wird er in der Zukunft häufiger in El-Faijum sein können, denn die Tage, die er in Kairo damit verbringt, auf einen Anruf seines Regisseurs zu warten, sind verlorene Zeit. Allmählich wird er stiller: Ich spüre, wie sich der tägliche Trott in Kairo wieder in seine Gedanken einschleicht.

Auf der Pyramidenstraße schimpft er auf einen Fahrer, der ihn schneidet; einige Straßen weiter stecken wir hoffnungslos im Stau. Abdelaziz läßt seinen

Blick über einen Mercedes mit abgedunkelten Scheiben gleiten, der links von uns steht. »Schau mal, ein
Krokodil.«

»Ein was?«

Er schaut mich grinsend an. »Ja, alle Autos haben
hier Tiernamen. Ein Fiat ist ein Affe, ein Volkswagen
ein Kaninchen, das vorletzte Mercedes-Modell nannten wir Mutterschwein. Ich weiß nicht, wo es her-
kommt, aber sobald ein neues Auto auf dem Markt
ist, verbreitet sich sein Tiername sofort wie ein Lauf-
feuer in der Stadt. Das letzte Modell Mercedes heißt
Zalamukka, Hühnerbürzel.«

Kurz darauf starrt er wieder böse auf die Autos, die
uns auf allen Seiten einschließen. »Krokodile, Affen,
Mutterschweine, Kaninchen«, ruft er, »wir leben hier
in einem Zoo!« Doch als sich die Schlange in Bewegung setzt, beugt er sich angespannt nach vorne und
startet seinen Jeep – definitiv, in Richtung Stadt.

1989

Josephs Geschichte

WÄHREND DER Golfkrise telefonierte ich regelmäßig mit Joseph. Es waren kurze Gespräche, in denen er seinen Kommentar in der üblichen scherzhaften Weise abgab. In zehn Minuten mit Joseph erfahre ich gewöhnlich mehr als durch eine Woche Zeitungslektüre.

Manchmal hörte ich ihn mit einem seiner Redakteure arabisch sprechen. Ich stellte ihn mir hinter seinem Schreibtisch in Paris vor, kettenrauchend und Kaffee trinkend, umgeben von schnurrbärtigen Männern mit verschlossenen Gesichtern. Seine Wochenzeitung *Jom as-sabi'* – Der Siebte Tag – sei gegen die irakische Invasion in Kuwait, sagte er, aber auch gegen eine amerikanische Intervention, ein neutraler Standpunkt, der in dem Maße schwieriger beizubehalten war, in dem die Araber untereinander immer uneiniger wurden.

Anfangs hörte sich das alles durchaus harmlos an. Auch in der Vergangenheit hatte *Jom as-sabi'* häufig Schwierigkeiten gehabt, über die mir Joseph in einer Mischung aus Bitterkeit und Erheiterung erzählte.

Wenn das Foto von Saddam Hussein unter dem des syrischen Präsidenten Hafis Assad stand, kam die Zeitung nicht durch die irakische Zensur. Wurde

Assad unter Hussein plaziert, durfte die Ausgabe in Syrien nicht verkauft werden.

Erst als ich hörte, daß *Jom as-sabi'* nur noch in sechs der einundzwanzig arabischen Staaten gelesen werde, begriff ich, daß es diesmal ernster war, daß seine Zeitung sehr wohl in den Wirrnissen des Krieges mitgerissen werden könne.

Einige Wochen später berichtete Joseph, daß sie kein einziges Exemplar von *Jom as-sabi'* an den Mann gebracht hätten. »Wir haben die Ausgabe an die Wand gehängt, es ist eine Porträtsammlung, ein Spiegelkabinett, wir sind unsere eigenen und einzigen Leser geworden!« Seine Stimme klang beinahe euphorisch, doch ich kannte ihn lange genug, um zu wissen, daß er verzweifelt war.

»Jetzt kannst du endlich in Französisch schreiben«, versuchte ich ihn zu trösten.

Einen Augenblick war es still am anderen Ende der Leitung. Schaute er aus dem Fenster, über die roten Dächer, in Richtung Sacré-Cœur?

»Niemals.«

»Warum nicht, Joseph?«

»Warte nur«, lachte er geheimnisvoll. »*Ku-wait and see.*«

Eines Tages meldete sich niemand in der Redaktion. Der Irak war bereits geschlagen, Tausende Fahrzeugwracks standen in der Wüste, eine Karawane, die mit Gewalt zum Stehen gebracht worden war und auf die sich alliierte Souvenirjäger wie die Aasgeier stürzten.

Das erste Mal seit Jahren traf ich Joseph zu Hause. *Jom as-sabi'* erscheine nicht mehr, sagte er schicksalsergeben. Er ging noch täglich ins Büro, las die Zeitungen, redete mit Kollegen und ging dann nach Hause, ohne einen Buchstaben zu Papier gebracht zu haben – es war frustrierend, nicht mehr auf die Ereignisse reagieren zu können.

Die Saudis kauften in raschem Tempo alle möglichen Zeitungen auf. Ob ich gesehen habe, wie General Schwarzkopf bei einer Pressekonferenz in der irakischen Wüste seinem saudischen Kollegen Khaled bin Sultan zuflüsterte: »I wouldn't answer that question«? Ebendieser Khaled war Eigentümer von *Al-Hayat* – Das Leben – geworden, der größten arabischen Zeitung in London. »Mal dir aus, Schwarzkopf als Eigentümer der *New York Times*!«

Als ich mich nach seinen Plänen erkundigte, antwortete er ausweichend, daß er es nicht wisse. Ich fragte nicht weiter – es war klar, daß er Dinge im Kopf hatte, die ich von meinem sicheren Standort aus nicht erfassen konnte.

Der Mann, der neben mir im Lift stand, trug einen Stapel Schachteln eines libanesischen Partyservice. Als wir in der achten Etage ankamen, war der ganze Lift vom Geruch arabischer Speisen erfüllt. Offensichtlich waren wir beide auf dem Weg zu *Jom assabi'*.

Joseph saß in einem Zimmer, das nicht das seine war, hinter einem leeren Schreibtisch, auf dem ein Telefon stand. Vor zehn Jahren hatte er noch Tennis gespielt – ein großer, beweglicher Mann, der einen harten Ball schlug. Nun war er gesetzter, ich konnte ihn mir nicht mehr auf dem Tennisplatz vorstellen.

In Beirut war er immer geschmackvoll gekleidet gewesen – Jacketts und Hemden von Yves Saint

Laurent, die er auf lässige Weise trug –, aber wie er mir nun in einem grau gesprenkelten Anzug und einer Strickweste gegenübersaß, erinnerte er eher an einen Beamten aus einer ägyptischen Fernsehserie. Er war um die Vierzig, nicht wesentlich älter als ich, aber ich hatte ihn immer als älter empfunden, und so behandelte er mich auch, auf väterliche Weise.

»Unser letzter Lunch in der Redaktion«, sagte er, »nächste Woche wird die Bude dichtgemacht.« Er entschuldigte sich und ging dem Mann nach, der das Essen gebracht hatte. Ich sah, daß er ein Bündel Banknoten aus seiner Hosentasche holte, aber der Mann wollte kein Geld annehmen.

Ein Lächeln spielte um Josephs Mund, als er zurückkam. »Wir Araber leben in einer präkapitalistischen Gesellschaft«, sagte er. Ich wußte, daß ihm das gefiel: in Paris zu sein und zu spüren, daß der Libanon nicht völlig aus der Welt war.

Die Redakteure von *Jom as-sabi'* saßen bereits um den Tisch im großen Zimmer. Sie hatten die *Mezze* – kleine Gerichte, Dips und Pastetchen – auf die unbeholfene Weise von Männern untereinander verteilt. Hier und da hatten sie gekleckert, doch niemand machte Anstalten, den Tisch abzuwischen.

Pierre war da, der junge Feuilletonredakteur mit dem »Hitlerschnurrbart«, wie Joseph die Zier bezeichnete. Die anderen kannte ich nicht, Männer in Anzügen, die durch meine Anwesenheit in Verlegenheit gebracht worden waren. Später erzählte mir Pierre, daß der Feuilletonchef sich über mein unerwartetes Auftauchen beschwert habe, das ihn daran hinderte, so viel zu essen, wie er wollte. Aber wie er da neben mir saß, dick und in sich gekehrt, ließ er sich nichts anmerken.

Pierre gab mir einen Brotfladen, ein anderer schob mir Schälchen mit gefüllten Traubenblättern, *Hummus* und *Baba ghannusch* zu. Während des Essens gaben sie mir Anweisungen. *Kibbe* war am schmackhaftesten in *Hummus* getaucht, die *Tabule* mußte ich mit einem Salatblatt aufnehmen. Joseph steckte mir dann und wann etwas zu, einen Happen rohes Fleisch mit Pfeffer und Salz oder ein Nierchen mit Zitrone.

Die arabischen Gerüche, die mich im Lift überrascht hatten, hatten sich nun überall verbreitet, und mit dem Geschmack von so viel bekannten Gerichten kamen Erinnerungen an den Libanon zurück, an ein Restaurant in den Hügeln von Dschemlan, wo die Leibwächter des Drusenführers Djumblat nachts betrunken wurden und zu singen begannen, an ein Restaurant am Meer, in dem ich mit Joseph in einer Zeit gegessen hatte, in der er noch dachte, daß er den Libanon niemals verlassen würde.

Um die anderen mußte es genauso bestellt sein, denn es wurde wenig gesprochen. Automatisch gaben sie die Schälchen durch, zogen andere zu sich hin – als ob sie mit diesem Ritual etwas, das im Begriff war, ihnen zu entgleiten, noch für einen Augenblick festhalten könnten. Ich dachte an den Rat, den mir einmal ein älterer Kollege gegeben hatte: Lehne nie das Essen ab, das heimatlose Menschen dir vorsetzen, denn es ist das Einzige, das ihnen geblieben ist.

Einen Moment lang kam mir zum Bewußtsein, daß das Licht vor den Fenstern das von Paris war, einer Stadt, die bisher für die Männer um diesen Tisch eine zufällige Kulisse gewesen war. Die meisten hatten sofort nach ihrer Flucht aus Beirut für *Jom as-sabi'* zu schreiben begonnen, sie waren nie allein mit dieser Stadt konfrontiert gewesen – auch Joseph nicht.

Jemand machte eine Bemerkung über den *Baba ghannusch*, ein Gericht, das in seinem Landstrich im Libanon einen anderen Namen hatte. Die anderen wiederholten den Namen wie eine Zauberformel. Ich fragte mich, ob ihnen dieses Wissen von Nutzen sein werde.

Als ich in Pierres Richtung schaute, zwinkerte er mir zu. Pierre würde sich sehr wohl zu helfen wissen. Er kannte Paris besser als die anderen, er schrieb über Oper und Theater, versäumte keinen einzigen neuen Film, er schrieb auch gelegentlich in französischen Zeitungen. Meine Blicke auf die gierig essenden Männer waren ihm nicht entgangen. »Wenn Araber in trüber Stimmung sind, essen sie«, sagte er. Wenn das so war, dann war Joseph gewiß der trübseligste von allen, denn nach zögerndem Beginn hatte er sich wie ein Lemming auf die *Mezze* gestürzt. Nicht nur die Stadt draußen, auch seine Tischgenossen waren in den Hintergrund gerückt. Und so in sich gekehrt waren seine Gebärden – seine Hände, die das Brot in Stücke rissen, sein Körper, der sich vorbeugte, sein langer Arm, der nach der *Kibbe* griff –, daß ich mir kaum vorstellen konnte, daß er mir kurz zuvor noch etwas herübergereicht hatte.

So schnell, wie alles begonnen hatte, war es vorüber. Bilal, der palästinensische Chefredakteur von *Jom as-sabi'*, holte Cola-Dosen aus dem Kühlschrank, und Joseph verschwand in der Küche, um Kaffee zu machen. Dann gingen wir durch die Straßen. Der

Frühling lag in der Luft, etwas widersinnig und angenehm zugleich.

»Und jetzt?« fragte ich.

»Ich werde Clochard«, sagte Joseph, »ich habe bereits ein paar Plätzchen im Auge, wo ich nachts schlafen kann.«

Ich dachte an seine Exfrau und die zwei Kinder, für die er finanziell verantwortlich war. Bald nachdem er aus Beirut geflüchtet war, waren sie für kurze Ferien nach Paris gekommen. Seine Kinder, kleine Militärexperten, die alles über Kalaschnikows, das Pfeifen von Kugeln und das Geräusch einschlagender Bomben wußten, gingen verwundert an seiner Hand durch den Jardin des Plantes und guckten die unschuldigen Spaziergänger an. Am Ende des ersten Tages fragte seine Tochter Omajja, ob Kerzen im Haus seien – in Westbeirut fiel nachts in jener Zeit häufig der Strom aus.

Nach vierundzwanzig Stunden hatte sich ihre Welt vollständig um ihre Achse gedreht, plötzlich begriffen sie, was in Beirut los war, und als die Sprache auf ihre bevorstehende Abreise kam, schauten sie Joseph so befremdet an, daß er es nicht über das Herz bringen konnte, sie zurückzuschicken. Seither wohnten sie mit ihrer Mutter in einem Außenbezirk von Paris. Sein Sohn Siad war inzwischen fünfzehn, ein anspruchsvoller Halbwüchsiger – zu seinem letzten Geburtstag hatte er sich von Joseph eine Videokamera gewünscht. Er wollte reich werden und hatte eine tiefe Verachtung für jeden, der es nicht war, insbesondere für seinen Vater. Am liebsten redete er über die jüngsten wirtschaftlichen Erfolge der Japaner. Als Joseph ihn darauf aufmerksam machte, daß es in Japan auch Arbeiter gebe, zuckte Siad die Achseln – er identifizierte sich nicht mit ihnen, sondern mit Herrn Honda. »Ich habe ein Ungeheuer in die Welt gesetzt«, stöhnte Joseph manchmal, »einen Traumsohn für Margaret Thatcher.«

»Wir werden Geld für dich sammeln müssen«, sagte ich. Joseph lachte. »Mach dir keine Sorgen, das Sammeln hat bereits begonnen!« Er hatte seinen Freund Hasem angerufen, der in London für *Al-Hayat* arbeitete. »Sag mal, Hasem, wie viel verdienst du eigentlich bei diesen vermaledeiten Saudis?« Hasem nannte den Betrag. »Findest du das nicht etwas viel? Da kannst du gut und gern zwanzig Prozent davon abgeben.« Triumphierend holte Joseph aus seiner Hosentasche den Packen englische Pfunde, die Hasem ihm geschickt hatte. So trug er sein Geld immer, lose in der Tasche, wie die meisten arabischen Männer, die ich kannte.

»Die goldenen Zeiten sind vorbei«, sagte ich, als wir vor einer Wechselstube in der Nähe von Les Halles in der Reihe standen.

»Was für goldene Zeiten?«

»Die der Hilton-Hotels am Nil.« Das war 1982, als ich in einer tristen Pension in Kairo wohnte und Joseph als Korrespondent einer libanesischen Zeitung im Ramses Hilton, einem sandfarbenen Turm mit flitzenden Liften und vergoldeten Türgriffen. Es war sein erster Besuch in Ägypten, und die Aussicht von seinem Balkon versetzte ihn in lyrische Verzückung. Der Panarabismus von Nasser und die larmoyante Stimme von Umm Kalthum gehörten zu seiner Jugend wie Woodstock und Bob Dylan zu der meinen, und nun lag die Stadt seiner Helden zu seinen Füßen, durchschnitten von einem breiten Fluß, der seine Spur durch die Weltgeschichte gezogen hatte. Daß der Verkehr in der Tiefe gnadenlos zunahm, schien er nicht zu bemerken, und ebensowenig, daß die Segel der Feluken auf dem Nil durch die Luftverschmutzung grau waren.

Eines Abends gingen wir zu einem Hauskonzert des blinden Protestsängers Sheikh Imam. In den armseligen kleinen Räumen hingen Haschischwolken, es wurde gesungen, gelacht und getrunken. Joseph saß auf dem Boden und sang mit, voll einsamer Hingabe, eine Flasche Whisky neben sich – er konnte alle Lieder auswendig. Unerreichbar war er an jenem Abend, im Bann einer Nostalgie, die ich erst viel später begreifen sollte.

»Aber du hast mich auch in weniger glücklichen Umständen gekannt«, sagte Joseph mit leichtem Vorwurf in der Stimme.

»Und wo?«

»Nehmen wir zum Beispiel Beirut.« Das war wenig später, kurz nachdem die Israelis in den Libanon eingefallen waren. Alle seine geflüchteten Freunde hatten ihre Hausschlüssel bei ihm zurückgelassen, und er verlegte seinen Wohnsitz von der einen Adresse zur anderen mit einem knatternden Sportwagen, den ihm eine Freundin geliehen hatte. Eines dieser Appartements wurde in seiner Abwesenheit von Soldaten durchsucht. Sie stahlen meinen Kassettenrecorder, dem ich noch tagelang nachtrauerte. Plötzlich schien das Chaos dieses Krieges viel näher gerückt – als ob die Soldaten mich ein Stück mitgeschleift hätten. Als ich etwas darüber sagte, wandte Joseph seinen Blick ab. Er hing nicht an materiellen Dingen. Das lernte ich in jenen Wochen in Beirut: Daß die Dinge, die für jeden von uns wichtig waren, nicht das geringste miteinander zu tun hatten.

Nach der Razzia der Soldaten zog er in das Appartement von Marun, einem befreundeten Cineasten, der mit seinem neuesten Film nach Amerika geflogen war. Das Hochhaus an der anderen Straßenseite war während eines israelischen Überraschungsangriffs mit einem Ächzen zusammengestürzt. Eine Vakuumbombe. Zweihundert Tote. Alle Scheiben im Umkreis waren zersprungen. Joseph hatte pastellgrüne Laken vor die Fenster gehängt.

»Erinnerst du dich, wie Marun aus Amerika zurückkam? Vier Koffer voll mit Hershey's Schokolade und Vitaminen ...«

Joseph lachte: »Du vergißt die Cornflakes!«

Verstört stand Marun im Zimmer und starrte auf das gähnende Loch gegenüber. Dann begann er seine Koffer auszupacken. Fünf neue Lacoste-Shirts aus Paris, fünf Cardin-Hosen, ein paar schwarze Slipper mit Quasten für Joseph, der hineinschlüpfte und die Nase rümpfte: Er fand sie zu weibisch.

Die Leichen in den Palästinenserlagern Sabra und Schatila waren gerade erst geborgen worden, doch das Café Express war noch geöffnet, und abends gab es im verdunkelten Beirut immer das eine oder andere Restaurant, in dem wir bei Kerzenlicht essen konnten. So war alles, was ich mit Joseph erlebt hatte – das Grauen war nie weit weg, doch an seiner Peripherie ging das Leben seinen gewohnten Gang.

Paris, Kairo, Beirut, im Lauf der Jahre war ich in seine Geschichte hineingewachsen, die so komplex war, daß ich mich manchmal schämte, wie simpel dagegen die meine war. Während des Golfkriegs hatte ich nie die Partei des Siegers ergreifen können, weil ich wußte, vor welchen unmöglichen Alternativen Joseph stand. »Wenn ich nur eine Kugel in meiner Pistole hätte und mich zwischen Saddam Hussein und Emir Jaber entscheiden müßte«, sagte er einmal am Telefon, »ich glaube, daß ich Jaber über den Haufen schießen würde, ja. Ein arroganter Kuwaiter, der bereits in seiner Wiege Emir war, für den kann ich als Altkommunist doch keine Sympathie empfinden?« Der Diktator und der Emir – die Alternative sei so erbärmlich, bedachte er kurz darauf, daß er sich selbst eine Kugel durch den Kopf schießen könne. Sein Freund Hasem, der in London für die Saudis arbeitete, fand die Argumentation puren Schwachsinn. Er hätte, ohne zu zögern, Saddam Hussein erschossen. Warum mußte Joseph übrigens immer Pistolen ins Spiel bringen, fragte er sich außerdem. Und doch hatte ebendieser Hasem ihm einen Teil seines Gehalts geschickt.

Joseph steckte das gewechselte Geld in die Tasche. »Jetzt gehen wir Champagner trinken.« Wir landeten im Au père tranquille, seinem Lieblingscafé bei den ehemaligen Markthallen, aber ich hatte keine Lust auf Champagner. Wir bestellten Kaffee, und Joseph überflog die Zeitungen, die er unterwegs gekauft hatte. Vor allem die *Libération* hatte ihn in den vergangenen Monaten in Erstaunen versetzt. Ohne jeglichen Vorbehalt hatte sie sich auf die Seite der Amerikaner geschlagen, und von diesem Augenblick an war jede Nuancierung in der Berichterstattung über Saddam Hussein verschwunden. Unverzeihlich, wenn man bedachte, daß in Paris zwei Millionen Araber lebten, die beinahe einmütig hinter Saddam Hussein gestanden waren. Einst waren die algerischen Immigranten die Lieblinge der linken Szene gewesen, nun riefen ehemals linke Intellektuelle – und am lautesten Bernard-Henry Lévy –, daß die Franzosen wegen ihrer Kolonialvergangenheit keinen Schuldkomplex zu haben brauchten, daß die dritte Welt sich alles selber zuzuschreiben habe. Ich hütete mich zu sagen, daß ich selbst auch immer mehr in dieser Richtung zu denken begann.

Doch Joseph wäre nicht Joseph, wenn er nicht hinzugefügt hätte: »Alles noch besser natürlich als die arabische Presse!« Wer in zehn Jahren wissen wolle, was sich während des Golfkriegs wirklich abgespielt habe, könne sich mindestens fünfundneunzig Prozent der Wahrheit aus der *Libération* holen, prophezeite er, und höchstens fünf Prozent aus den arabischen Zeitungen.

Als wir das Lokal verließen, trafen wir eine libanesische Bekannte, die gerade aus dem Jemen zurückgekommen war. Ihres Wissens marschierte Saddam Hussein mit seiner kampfbegeisterten Armee auf die Hauptstadt von Saudi-Arabien zu. Sie war völlig platt, als sie erfuhr, wie die Lage in Wirklichkeit war.

Joseph grinste mich an. »Meine Ausführung über die arabische Presse von vorhin muß ich, glaube ich, korrigieren. Sagte ich fünf Prozent? Ich meinte zwei.«

Ich begegnete Joseph zum ersten Mal 1981, in der unruhigen Zeit nach der Revolution im Iran. Banisadr war gerade aus dem Iran geflüchtet und hatte sich auf ein schwerbewachtes Landgut in Auvers-sur-Oise in der Nähe von Paris zurückgezogen. Auf dem sonnenüberfluteten Rasen saß eine Gruppe arabischer Journalisten, die auf ein Gespräch mit dem ehemaligen iranischen Staatspräsidenten warteten. Joseph fiel mir sofort auf. Er hatte schon früher mit Banisadr gesprochen und brachte die gemessene Konversation auf dem Rasen regelmäßig aus dem Takt, mit Bemerkungen wie: »Ein netter Mann, dieser Banisadr, ich würde ihm meine Schwester zur Frau geben, aber er hätte natürlich niemals in die Politik gehen dürfen.« Ein Salonintellektueller, der davon geträumt habe, daß er eine Revolution anführen könne – wie ein Pappkamerad sei er über den Haufen gerannt worden, als das Volk einmal durch Teheran zu marschieren begann, spottete er.

In jenen Tagen züngelte die iranische Revolution auch in den Straßen von Paris, das Freitagsgebet auf dem Campus der Universität wurde durch demonstrierende iranische Studenten gestört, überall bildeten sich neue Splitterparteien. Mitten in diesem Tumult lernte ich Joseph besser kennen. Der islamitische Fundamentalismus, der sich auch in der arabischen Welt immer mehr durchsetzte, flößte ihm Angst ein. Auf diese Weise würden die Araber niemals Anschluß an die moderne Welt finden.

Er versetzte mich in Erstaunen, denn kaum hatte er das gesagt, kehrte er in aller Eile nach Beirut zurück, das für einen vernünftigen Mann doch ein Inferno sein mußte. Alles veränderte sich so schnell, daß er Angst davor hatte, eines Tages nach Hause zu kommen und nichts mehr wiederzuerkennen.

Als ich Joseph ein Jahr später in Beirut aufsuchte, war er viel unzugänglicher geworden. Der Spielraum, den er in West-Beirut hatte, war beängstigend klein, der Fraktionsstreit, in den er verwickelt war, unendlich kompliziert. Kurz befürchtete ich, daß er so tief in die arabischen Gegensätze hineingezogen worden war, daß ich ihn verloren hatte. Doch allmählich tauchte er aus dem Nebel wieder auf, durch seine Geschichten über frühere Zeiten, in denen ich ihn als kleinen Jungen durch die Straßen von Beirut laufen sah, ohne eine Ahnung von dem, was kommen sollte.

Sein Vater war ein berühmter Architekt, seine Mutter ein einfaches Mädchen vom Land, das nichts vom Stadtleben wußte. Sie hatten sich kennengelernt, als er in ihrem Dorf ein Haus für einen reichen Geschäftsmann baute. Fünfzehn war sie, zwanzig Jahre jünger als er. Ihre Familie fühlte sich geehrt, daß der Architekt aus Beirut um sie anhielt – sie wurde nicht um ihre Meinung gefragt.

Joseph wuchs in einem christlichen Viertel der Stadt auf, in einem prächtigen Haus mit Marmorfußböden und antiken Möbeln. Als er fünf war, starb sein Vater an einem Herzinfarkt in Kirkuk, wo er einen Palast für das irakische Königshaus baute. Die Familie seines Vaters, die absolut gegen diese Eheschließung gewesen war, setzte nach dessen Tod alles daran, seine Witwe und die zwei Kinder aus dem gemeinsamen Haus zu ekeln. In einem Flügel des Hauses wohnte hinter verschlossenen Türen die Mutter seines Vaters, eine grimmige, feindselige Frau, für die sie Luft waren.

Mitten unter ihren reichen Nachbarn lebten sie in Armut. Manchmal brachte jemand aus dem Dorf seiner Mutter einen Sack Kartoffeln. Wenn die alle waren, gab es Steckrüben. Zwischen den antiken Möbeln tauchten Tischchen mit Resopalplatten auf, wenn es regnete, standen überall Schüsseln, um das Wasser aufzufangen, zerbrochene Scheiben wurden nicht mehr ersetzt und manche Zimmer nie mehr geöffnet. Seine Mutter bekam ein Magengeschwür, lag tagelang wimmernd im Bett, glaubte, daß sie sterben würde, und legte ihm ans Herz, gut für seinen kleinen Bruder zu sorgen. Sein Bruder heulte, doch Joseph hielt sich tapfer.

Mit neun erlebte er Politik zum ersten Mal bewußt. Das war 1958, als der Bürgerkrieg zwischen Falangisten und Nasser-Anhängern – prowestlichen Christen und arabischen Muslimen – ausbrach. Für die französisch sprechenden Nachbarn verkörperte Nasser alles, was sie verabscheuten, er war antichristlich, sozialistisch, panarabisch. Doch seine Mutter wurde von einer feurigen Liebe für den ägyptischen Führer erfaßt, er wurde zu ihrer Waffe gegen die Familie ihres verstorbenen Mannes, jeden Riß in der Wand überklebte sie mit seinem Porträt. Auf die Falangisten, die unter dem Fenster eine Straßensperre errichtet hatten, schüttete sie schmutziges Abwaschwasser.

Ungefähr mit zwölf begann Joseph, eine geheime Liste von Leuten aufzustellen, die er umbringen wollte: die Mutter eines Freundes, die ihn ausschimpfte, als sein Füllfederhalter auf ihrer Couch ausgelaufen war, die Lehrer, die ihn zwangen, französisch zu sprechen, den reichen Onkel, zu dem ihn seine Mutter schickte und der sich weigerte, ihn zu empfangen, die Nachbarn, die seine Mutter schlecht behandelten. Zwölf Jahre, noch ein Kind, aber auch bereits ein kleiner Erwachsener, der Beschützer seiner Mutter und seines kleinen Bruders – später sah er dann ein, daß seine Mordpläne nicht durchführbar waren und daß es, wenn er etwas verändern wollte, vernünftiger sei, sich politisch zu engagieren. Doch die geheime Liste spukte ihm weiter durch den Kopf und schien seine Handlungen noch immer zu bestimmen.

Er war griechisch-katholisch, doch in der Schule ging er mit Moslems um, denn die sprachen besser arabisch und fühlten sich genauso ausgestoßen wie er. Er verschlang arabische Bücher, darunter den Koran, und sein bester Freund war ein Moslemjunge mit einer gelähmten Hand, der ständig gepiesackt wurde und für den er sich gern prügelte. Manchmal nahm er bei den Raufereien die Hilfe seines Bruders in Anspruch, der inzwischen als Lastträger auf dem Markt arbeitete. Wenn dieser dann mit seinen Kumpels vor dem Schultor stand, mit Stricken und in zerrissenen Kleidern, erschien er den Bürgersöhnchen des Collège du Sacré-Cœur wie ein Außerirdischer.

Und dann begann sich alles zu verändern. 1967 verlor Nasser den Krieg gegen Israel und kündigte seinen Rücktritt an. Sympathisanten marschierten durch die Straßen von Beirut, demolierten französische Aushängeschilder und flehten Nasser an, im Amt zu bleiben. Im Haus von Josephs reichem Freund, auf dessen Couch der Füller ausgelaufen war, tagte eine geheime maoistische Zelle. Sein eigenes Haus wurde zum Sammelplatz von engagierten Studenten, Leuten aus dem Dorf seiner Mutter und Außenseitern, die sein Bruder vom Markt mitbrachte. Jeder ging ein und aus, die Eingangstür war nie mehr verschlossen. Viele seiner Freunde waren in diesem Haus zum ersten Mal in ihrem Leben betrunken.

Seine Mutter blühte auf, sie machte die beste *Mezze* für die Trunkenbolde, und wenn jemand etwas tat, was ihr nicht paßte, nannte sie ihn nicht »Saukerl«, sondern »Bourgeois«. Wenn die Frauen aus dem Dorf kamen, um Eier zu verkaufen, ließ sie sie nicht weg, bevor sie gegessen hatten, schlug die gerade gekauften Eier in die Pfanne und setzte sie ihnen vor.

In der Schule hatte er die französische Sprache gehaßt, nun entdeckte er die französischen Existentialisten. Nach dem Nasser-Kult landeten er und seine Freunde nun beim Kommunismus – das war eine Brücke nach draußen, hier lernten sie, sich mit dem Rest der Welt zusammenzuschließen.

Nach seinem Philosophiestudium begann Joseph zu schreiben. Er engagierte sich für die Freunde seines Bruders und die armen Dorfgenossen seiner Mutter und wurde zu ihrem unumstrittenen Helden. Als sich die palästinensische Widerstandsbewegung im Libanon organisierte, erklärte sich Joseph sofort solidarisch: Sie waren die Geknechteten der arabischen Welt, für die jeder rechtschaffene Araber Opfer bringen mußte.

Ich konnte mir vorstellen, mit wieviel Optimismus und Energie er sich 1975 in den libanesischen Bürgerkrieg gestürzt hatte. Er wollte sich für die Erniedrigungen seiner Jugend rächen: an seinem reichen Onkel, der Generalkommandeur der libanesischen Armee geworden war, an den Falangisten, die ihn und seinen Bruder zwei Tage in einen Keller gesperrt hatten, nachdem seine Mutter Spülwasser über ihnen ausgegossen hatte. »Zehn Gründe, warum wir die Falangisten isolieren müssen«, schrieb er in der libanesischen Zeitung *As-Safir*. Am selben Morgen erhielt seine Mutter eine Warnung, und ihr Haus wurde in die Luft gejagt.

Von seinem Optimismus war 1982, als ich ihn in Beirut besuchte, nicht mehr viel übriggeblieben. Seine Mutter war in ihr Dorf zurückgegangen, sein Bruder saß in einem amerikanischen Gefängnis: Er war auf dem Flugplatz in Detroit mit sieben Millionen Dollar festgenommen worden – Geld aus Drogengeschäften. Unmittelbar vor meiner Ankunft waren die Israelis in den Libanon eingefallen, um den Widerstand der Palästinenser zu brechen. Und so hatte sich alles, was in den glückseligen Anfangsjahren unverbrüchlicher Bestandteil seines Ich gewesen war, auf schreckliche Weise verändert. »Wir sind die Generation der Verlierer«, sagte er. »Wir haben den Krieg von 1948 verloren, danach den Sechstagekrieg und nun sind wir von neuem besiegt.«

Als General Sharon seine Truppen vor Beirut aufmarschieren ließ, hatten Joseph und seine Freunde ein Fest organisiert. Das Haus lag in unmittelbarer Nähe des Murr-Turms, der in Händen der Syrer war. Joseph haßte sie: Im entscheidenden Augenblick weigerten sie sich, gegen die Israelis zu kämpfen! Mitten in der Nacht ging er betrunken in den Garten, sah im siebten Stock des Turms Licht brennen und begann zu schießen. Er schoß, bis das Licht ausging. »Du hättest den Gastgeber sehen müssen!« lachte er. »Er dachte, daß ich verrückt geworden sei!« Kurz darauf waren die palästinensischen Führer und Guerillakämpfer gezwungen, die Stadt in Booten zu verlassen. »Es war, als ob unsere Jugend dahinginge«, sagte Joseph. Die israelische Invasion und der darauf folgende Abzug der Palästinenser bedeuteten eine Niederlage für die linken Kräfte im Libanon. Gepanzerte Fahrzeuge fuhren durch die Straßen, Freunde verschwanden, wurden in Gräben gefunden, gefoltert, verstümmelt. Jeden Morgen versuchte Joseph herauszubekommen, wer verhaftet worden war, welches Viertel an diesem Tag durchkämmt würde, ob in den Razzias ein System zu erkennen sei.

Mit seinen früheren kommunistischen Freunden hatte er sich inzwischen überworfen. Sie hatten ihm einen Boten geschickt: Wenn er nicht aufhöre, sie in *As-Safir* anzugreifen, würden sie ihn abknallen. Und nun begannen die Syrer, die den Libanon in immer stärkerem Würgegriff hielten, ihn ebenfalls zu bedrohen. Sehr schnell entdeckte ich, daß die verschiedenen Hausschlüssel, die er in der Tasche hatte, kein überflüssiger Luxus waren: Er lebte praktisch auf der Flucht. Doch als seine Freunde ihm rieten, Beirut zu verlassen, erschien ein grimmiger Ausdruck auf Josephs Gesicht: »Ich? Niemals!«

»Weißt du, was ich gerne tun würde? Einen Roman schreiben«, sagte Joseph in der Metro auf der Heimfahrt.

»Worüber?«

»Über die Frauen in meinem Leben. Angefangen bei meiner Mutter.«

Daß er schreiben konnte, wußte ich. In einem französischen Buch über Kairo hatte ich die Übersetzung einer Ode an Umm Kalthum aus seiner Feder gelesen – es war ein fiebriger, poetischer Text.

»Aber ich befürchte, daß ich es nicht kann«, sagte er.

»Warum nicht?«

»Ich habe noch nie das Wort ›ich‹ verwendet, wenn ich geschrieben habe.«

Auch in dem Stück über Umm Kalthum hatte er ständig »wir« gebraucht. Nach Hasems Meinung handelte es sich um ein grundsätzliches Problem: Ein Araber sah sich nicht als Individuum, sondern als Teil eines Clans; so war Joseph in seiner Vorstellung das Clanoberhaupt aller Unterdrückten, die sich damals in seinem Elternhaus versammelt hatten. Sie hatten ihm ein Zusammengehörigkeitsgefühl gegeben, ein Gefühl, das er als Kind schmerzlich vermißt hatte.

Seine Pariser Bleibe mutete wie eine Pension an. Viele arabische Namensschilder, ein dunkler Treppenflur und am Ende der abgetretenen Holztreppe eine Tür, auf die er seinen Namen geheftet hatte. Drei düstere kleine Zimmer, die lieblos möbliert waren, in denen jedoch der vertraute Duft seines Eau de Toilette hing.

Auf einem niedrigen Tisch in der Küche stand eine eindrucksvolle Anzahl Schnapsfläschchen. Es waren welche darunter, die die Form eines mexikanischen Sombreros hatten, eines spanischen Stiefels oder einer Tänzerin. »Sammelst du die?« Joseph nickte wenig aussagefreudig. Besonders gewissenhaft hatte er seiner Sammelleidenschaft nicht gefrönt: Einige Fläschchen waren halb leer, bei anderen fehlte der Verschluß.

Im Bücherregal standen außer Biographien arabischer, russischer und amerikanischer Staatsmänner viele Bücher israelischer Autoren. Amos Oz, Uri Avnery, Amnon Kapeliuk.

Er bewunderte sie wegen ihres Wissens über die Araber – wenn die sich genauso für die Israelis inter-

196

essieren würden, wäre es viel besser um sie bestellt, sagte er.

Ich nahm das arabische Buch, das auf der Couch lag. Joseph übersetzte den Titel: *Der Golfkrieg, Dokumente und Wahrheiten.* Es waren die gesammelten Ansprachen von Saddam Hussein. »Vor allem das Wort ›Wahrheiten‹ tut weh«, sagte er bitter.

An der Wand hing ein Porträt von Nasser in einem geborstenen Rahmen. Ich wußte, daß sich Joseph und Hasem manchmal gemeinsam so betranken, daß die Polizei einschreiten mußte. Hatte einer von ihnen in einer solchen Nacht vielleicht auf Nasser gezielt? Joseph folgte meinem Blick. »Nicht, was du denkst«, grinste er. Es klang nicht sehr überzeugend. Auch eines der Fenster war kaputt – es war ein Stück Pappe davorgeklebt.

Joseph machte eine vage Handbewegung. »Viel habe ich hier nicht herumstehen. Ich habe alles in Beirut zurückgelassen.«

Als er mich 1984 aus Paris anrief, war ich erleichtert, daß er noch lebte, aber auch überrascht, daß er beschlossen hatte, Beirut zu verlassen. »Warum bist du damals eigentlich weggegangen?«

Wieder die vage Handbewegung. »Ich konnte die Spannung nicht mehr ertragen.« Er schrieb weiter gegen die Syrer, jeden Tag wieder – er konnte nicht anders. Die Drohungen an seine Adresse wurden aggressiver, er fühlte sich immer mehr gejagt. Als er eines Nachts wieder betrunken war, fuhr er mit seinem Sportwagen zu einer syrischen Straßensperre und schoß die Kalaschnikow in einen Stapel Sandsäcke leer. In einem Augenblick von Klarheit sah er sich da stehen: Er war eine Gefahr für sich selbst geworden.

So landete er in Paris. Dort traf er Bilal, einen palä-stinensischen Journalisten, den er aus Beirut kannte und der ihm erzählte, daß die Palästinenser von Paris aus eine neue Zeitung lancieren wollten. Ob ihnen Joseph dabei nicht helfen wolle? Aus einem Impuls her-aus sagte er ja.

In Beirut hatte er mit einer Frau zusammenge-wohnt. Er rief sie an und bat sie, ihm einige Sachen zu schicken. »Sie fragte: Und was ist mit mir? Ich wußte nicht recht, was ich sagen sollte. Ich hatte keinen Augenblick an sie gedacht.«

»Du bist brutal«, sagte ich.

Joseph riß ein Fenster auf, zündete eine Zigarette an und schaute auf den Hof hinaus. »Ich weiß nicht, woran es liegt. Ich glaube, daß ich niemals wirklich verliebt gewesen bin. Ich habe mich nie von einer Frau abhängig gemacht. Nach dem Ende einer Bezie-hung habe ich mich immer nur erleichtert gefühlt.« Er lachte bitter. »Und doch fühle ich mich manchmal so allein, daß ich mir wünsche, es wäre jemand – und sei es auch nur eine Katze – im Haus.« Abrupt drehte er sich um. »Das ist vielleicht etwas für einen Psy-choanalytiker – herauszufinden, woher das kommt!«

Das Telefon klingelte, und ich hörte ihn arabisch sprechen, in kurzen peitschenden Sätzen, ab und zu durch ein Lachen unterbrochen. Auf dem Tisch lagen Zeitungen und ein paar Blätter mit einem arabischen Text, an dem er gerade schrieb. Durch das offene Fen-ster wehte Klaviermusik herein. Vielleicht sollte ich gehen, vielleicht störte ich ihn, wollte er allein sein. Doch nachdem er den Hörer aufgelegt hatte, bedeu-tete er mir, ihm gegenüber Platz zu nehmen. »Willst du Kaffee?« Er machte Nescafé, steckte eine Zigarette

an und trommelte mit seinen Fingern auf den Tisch –
im Takt der Musik in seinem Kopf, wie er es immer
tat, wenn er unruhig war.

Eine arabische Zeitung in Paris nach der anderen
gehe pleite, sagte er. Der Journalist, der eben angerufen habe, sei der soundso vielte, der auf der Straße
stehe. Es waren die Nachwehen eines Krieges, dessen
Verlierer sich in Paris befanden, die Sieger in London.
Die Araber in Paris kamen hauptsächlich aus den armen Maghreb-Ländern und waren viel mehr links-
orientiert als die reichen Golfaraber in London. Dieser Krieg war ein Bürgerkrieg zwischen Arm und
Reich gewesen, und wieder hatten die Rechten gewonnen, genauso wie 1982 in Beirut. Der Konflikt
war ihm auch in Paris auf den Fersen geblieben und
hatte ihn abermals in die Enge getrieben.

»Ihr müßt alle miteinander über den Ärmelkanal«,
sagte ich.

»Vielleicht auch noch mit der weißen Kapitulati-
onsfahne? Ohne mich!«

Viel lieber wollte er in den Libanon zurückkehren,
doch dort war für Menschen wie ihn kein Platz mehr.
Er kannte niemanden, der dort noch freiwillig lebte.
»Wenn ich morgen allen Libanesen einen Job in
Frankreich verspreche, ist sofort das ganze Land ent-
völkert.« Die einzige, die geblieben war, war Carole.
Die werde Beirut niemals verlassen, behaupteten alle,
denn nirgends sonst könne sie so einfach an Heroin
kommen. Doch eines Tages war auch Carole in Paris
aufgetaucht. Sie hatte beschlossen, einen Entzug zu
machen.

»Was müßte geschehen, bevor du zurückgehst?«
»Wenn ich siebzig Prozent von dem schreiben

könnte, was ich in *Jom as-sabi'* geschrieben habe, ohne bedroht zu werden, würde ich morgen aufbrechen.« Joseph zündete eine Zigarette an und seufzte. »Aber das kann ich wohl vergessen.«

Er hätte die Liste mit den zehn Gründen, warum die Falangisten isoliert werden müßten, niemals veröffentlichen dürfen, gestand er ein. Man könne Menschen nicht zu etwas zwingen, was sie nicht wollten. Stalin, Pol Pot, Mao, sie glaubten alle, daß sie ihr Volk in zehn Jahren verändern könnten. Es war keinem von ihnen gelungen.

»Außerdem hat mich der libanesische Bürgerkrieg gelehrt, daß die Opposition viel schlimmer war als die Machthaber, gegen die sie sich erhob«, sagte er. »Alle Leiter der neuen politischen Parteien haben sich während des Krieges bereichert, während das Volk immer ärmer wurde.« Kurz bevor er wegging, war er Mitglied der Nationalen Bewegung geworden, die versuchte, die verschiedenen Parteien unter einen Hut zu bringen. »Was da los war! Ich wurde Chefredakteur des Organs der Nationalen Bewegung. Dreizehn von den Redakteuren, die auf der Gehaltsliste standen, habe ich nie gesehen, und eines Tages wurde mein eigenes Monatsgehalt von einem Redakteur gestohlen. Nein, nein, das frühere Regime war besser, das tat zumindest etwas für das Volk. Es unterdrückte die Menschen, aber auf der anderen Seite bot es ihnen auch etwas. Was danach kam, war nur noch Unterdrückung. Der Staat ist bei uns viel effizienter als das Bürgertum, denn das ist das einzige System, das aus der Kolonialzeit übriggeblieben ist. Die libanesischen Bürger entpuppten sich während des Kriegs als wilde Tiere! Deshalb hoffe ich, daß im Irak kein Bürgerkrieg ausbricht: Was nach Saddam Hussein kommt, kann nur noch schlimmer sein. Das Problem ist, daß wir nicht aus unseren Niederlagen lernen«, fügte er mit einem matten Lächeln hinzu, »im Gegenteil, wir bereiten uns frohen Muts auf die nächste vor. Und jede Niederlage wirft uns nicht nur einige Jahre, sondern ein ganzes Jahrhundert zurück! Wir sind unterentwickelt. Wir hinken dem Westen mindestens dreihundert Jahre hinterher. Wir bräuchten ein Zeitalter der Aufklärung, denn ohne Kulturrevolution innerhalb des Islam ist keine Demokratie möglich. Doch das Problem ist, daß alle gerade zur Anfangsperiode des Islam zurück wollen. Wo bleiben die Voltaires in der arabischen Welt? Ich sehe sie nicht.«

Die Affäre Salman Rushdie hatte ihn eine bittere Lektion gelehrt. In der Zeit der Aufklärung waren Menschen bereit, für ihre Ideen zu kämpfen, aber war jemand bereit gewesen, für Rushdie zu kämpfen? Nein, im Gegenteil, in Pakistan waren Dutzende Moslems im Kampf *gegen* Rushdie umgekommen. »Niemand wollte für ihn sterben, nicht einmal Rushdie selbst. Er bekam solche Angst, daß er lauthals zu rufen begann, er sei ein guter Moslem!«

Joseph nahm einen Schluck Wasser aus der Flasche auf dem Tisch und wischte sich mit einer derben Bewegung den Mund ab. Ich mußte an Hasem denken. Der hätte schon längst dazwischengefunkt: Joseph mit seinen ewigen Märtyrern! Vor meiner Abreise nach Paris hatte ich meine Aufzeichnungen über unsere erste Begegnung bei Banisadr noch einmal gründlich studiert. Das erste, was ich über Joseph notierte, noch bevor ich seinen Namen kannte, war:

Mann in blauem Blazer sagt, daß kein Iraner für Bani-sadr sterben wolle.

Es war kurz vor sieben. Die Häuser um den Hof, wo eben noch alles totenstill gewesen war, begannen zum Leben zu erwachen. Stimmen und das Geräusch von schlagenden Türen und klapperndem Geschirr drangen herein. Irgendwo begann ein Kind zu weinen.

»Der Pariser Bürger kommt von der Arbeit nach Hause«, sagte ich.

Joseph lachte müde. »Ich beneide den Pariser Bürger aus tiefstem Herzen. Ich würde mir wünschen, daß alle Araber so wie er lebten. Ist das nicht der einzige Sinn der Politik: daß Bürger ein langweiliges Leben führen?«

In den nächsten Tagen sah ich Joseph regelmäßig und lernte die Stadt kennen, in der er seit sieben Jahren lebte. Es war eine arabische Stadt, die in Paris verborgen lag, mit Cafés und Restaurants, in denen er seine Freunde traf, genauso wie damals in Beirut. Die Begrenzung seines Territoriums behagte ihm, als ob er Paris ganz bewußt auf seine Quintessenz reduziert hätte. »Wollen wir uns zur Abwechslung nicht mal im Au père tranquille verabreden?« sagte er dann, oder »Heute abend essen wir wieder im Al-Dar.« Er hätte niemals in London wohnen können, weil die Menschen dort nicht in Cafés lebten.

Nach einigen Tagen bekannte er, daß er sich über mein Kommen freue: Sein Französisch mache dadurch Fortschritte. Er verkehre eigentlich kaum mit Franzosen, sagte er, er sei ein Durchreisender, er habe nicht die Absicht, hier zu bleiben. Als ich bemerkte, daß Paris voller Immigranten sei, die das behaupteten, wies er mit triumphierender Geste auf seine zusammengewürfelten Möbel: »Sieht das vielleicht wie das Appartement eines Mannes aus, der beschlossen hat, sich in Paris niederzulassen?«

Jeden Morgen kaufte er die Zeitungen in einem Kiosk um die Ecke. *Libération*, *Herald Tribune* und auch *Al-Hayat*, denn obwohl das eine saudische Zeitung war, war sie unter den vorhandenen immer noch die erträglichste. Außerdem schrieb darin Hasem seine verabscheuenswerten Kommentare.

Das antagonistische Verhältnis zu Hasem war typisch für Joseph. Er hatte sich nie Meinungen verschlossen, die nicht die seinen waren. Als die Israelis in Beirut einfielen, hatte er auf der Straße Amnon Kapeliuk getroffen, der die israelische Armee als Berichterstatter begleitete. Er hatte ihn zu *As-Safir* mitgenommen. Ein Israeli in der Redaktion! Seine Kollegen waren um ihn herumgestanden wie um eine Jahrmarktsattraktion.

Seine Freundschaft mit Hasem datierte aus ihrer engagierten Studentenzeit in Beirut. Damals war Hasem noch Mitglied einer linken Gruppierung gewesen, die viel radikaler war als die Kommunisten. Unglaublich, wie er sich seither verändert hatte! Während der Revolution im Iran wurde er Khomeini-Anhänger, in England entwickelte er sich zu einem fanatischen Parteigänger des Thatcherismus. Später wurde er so rechts, daß er Margaret Thatcher als Kryptokommunistin bezeichnete.

Es war ein Phänomen, das Joseph mit großem Interesse unter die Lupe nahm. Im Libanon hatte er damals christliche Freunde, die sich an einem Tag noch betranken und am nächsten Tag keinen Schinken mehr aßen, weil sie Moslems geworden waren. Darunter war auch sein früherer Französischlehrer, der ihn gezwungen hatte, in der Klasse Racine und Corneille vorzulesen. Später wollte ihm derselbe Mann allen Ernstes erzählen, daß Intellektuelle die Sprache des Volkes sprechen müßten!

»Ich habe mich auch verändert«, sagte Joseph, »aber Hasem ergeht es wie dem Apostel Paulus auf dem Weg nach Damaskus: Plötzlich sieht er das Licht und immer wieder glaubt er mit dem gleichen Fanatismus an seine neue Lehre. Er hat keine Zweifel, absolut keine Zweifel. Ich frage ihn manchmal: Hasem, wie schaffst du eigentlich den Übergang von einer Phase zur anderen, gehst du als Marxist ins Bett und wachst auf als Fundamentalist?«

Aber das hinderte ihn nicht daran zu lesen, was Hasem schrieb. Seine Freunde in Paris ließen kein gutes Haar daran. »Sag mal, Joseph, hast du gesehen, was dein Freund nun wieder behauptet?« Der eine glaubte, daß Hasem ein zionistischer Spion sei, der andere, daß er durch die Kuwaiter bezahlt werde. Doch Joseph kannte Hasem gut genug, um zu wissen, daß der selbst unerschütterlich hinter seinen Meinungen stand.

Er las seine Zeitungen zu Hause oder im Café de la Mosquée, einem eleganten Teehaus, das zu einer Moschee und einem türkischen Bad gehörte. Es war Ramadan, und am Eingang der Moschee standen bettelnde Frauen und Kinder, genauso wie in der arabischen Welt.

Eines Mittags nahm er mich in ein iranisches Restaurant mit, das bei ihm um die Ecke lag. Zum ersten

Mal, seit ich ihn kannte, sträubte er sich nicht dagegen, daß ich die Rechnung bezahlte. Er hatte in den letzten Jahren viele Schulden gemacht. Zusammen mit einem Freund hatte er ein neues Blatt gegründet: *Zawaya* – Perspektiven. Sobald er darüber zu erzählen begann, hellte sich sein Blick auf. Es gebe genug interessante Intellektuelle in der arabischen Welt, sagte er, sie hätten bloß kein Diskussionsforum.

Um Mißverständnissen vorzubeugen, hatten sie sofort deutlich gemacht, wofür *Zawaya* stand. In keiner einzigen arabischen Zeitung konnte man sowohl Saddam Hussein wie Hafis Assad kritisieren. In *Zawaya* sehr wohl. Joseph hatte den palästinensischen Professor Edward Said angegriffen, der in seinem hochberühmten Buch *Orientalismus* über die Vorurteile schrieb, die die Abendländer gegen die Araber hegten. Said habe den Arabern einen schlechten Dienst erwiesen, fand er, er habe sie in ihrer Faulheit und Unwissenheit bestärkt. »Jedesmal, wenn jemand sie kritisiert, verschanzen sie sich hinter dem weisen Said und rufen: Das ist Orientalismus! Wir müßten uns endlich bewußt werden, wie wenig wir selber über den Westen wissen.«

Was wisse Gaddhafi zum Beispiel über die Franzosen? Viel weniger, als ein durchschnittlicher Franzose über ihn wisse. Und Billal, der palästinensische Chefredakteur von *Jom as-sabi'*, was wisse der über die jüdische Geschichte, über die Schoah, über den Antisemitismus in Rußland? Nichts, absolut nichts. Sein früherer Chef bei *As-Safir* war felsenfest davon überzeugt, daß die französischen Wahlen gefälscht würden. In Ägypten machten sich religiöse Scheichs lächerlich, indem sie alle technologischen Entwicklungen aus dem Koran erklärten. Einer von ihnen hatte unlängst eine islamitische Sicht auf das Loch in der Ozonschicht entwickelt. In seiner Rubrik »Okzidentalismus« schrieb Joseph, daß er das Schlimmste für den Umfang dieses Lochs befürchte, wenn die Scheichs sich da einmischten.

Insgesamt waren vier Nummern von *Zawaya* erschienen.

»Und dann?«

Joseph hob die Hände in einer hilflosen Gebärde. »Nichts! Schluß und vorbei! Was denkst du, was ein Distribuent in der arabischen Welt tut, wenn er ein neues Blatt in die Hände bekommt? Er geht damit ins Informationsministerium. Wenn es dort nicht abgesegnet wird, kriegt es keine Chance. Wir hatten keinen Zugriff auf den Markt, so simpel war das.«

Er hatte gehofft, daß unabhängige Geschäftsleute in das Blatt investieren würden, aber es passierte nichts. »Es ist die Aufgabe der Presse, die Realität transparent zu machen«, sagte er mißmutig, »aber nichts ist so undurchsichtig wie die Quellen, aus denen das Geld für arabische Zeitungen kommt.«

Vor kurzem wurde er von einem arabischen Fernsehjournalisten interviewt, der ein Programm über die arabische Presse im Ausland machte. Joseph erzählte ihm: In Paris sind die Zeitungen in der Hand von Rifat al-Assad, in London in der von Khaled bin Sultan; der erste ist ein Bruder des syrischen Präsidenten, der zweite ein Vetter des saudischen Königs – das ist die Geschichte der arabischen Presse im Abriß.

Er kicherte: »Ich bin mir sicher, daß er das herausschneidet, denn sonst kann er sein Programm nicht an die Golfstaaten verkaufen, und dort steckt das meiste Geld.«

»Aber gibt es denn keine einzige Zeitung, die unabhängig ist?« Um arabische Zeitungen schwirrten immer Gerüchte über obskure Finanziers, aber es war doch überraschend, wie drastisch Joseph die Situation nun skizzierte. Um wieviel komplizierter wurde seine Lage dadurch, wieviel tiefer saß er in der Klemme!

Joseph lachte trocken. »Jede arabische Zeitung würde enorme Verluste machen, wenn sie keine politischen Finanziers hätte. Lediglich die Golfstaaten können Anzeigen bezahlen, aber die würden niemals in einem Blatt, das ich mache, inserieren. Als Hasem zu *Al-Hayat* kam, wurde ihm mitgeteilt, daß er über drei Themen nicht schreiben dürfe: Königshäuser, Sex und Religion.«

»Und *As-Safir*, durch wen wurde dieses Blatt finanziert?« Ich kannte die Gerüchte zwar, aber wollte es auch von ihm selbst hören.

»Durch die Libyer.« Joseph zog wütend an seiner Zigarette. 1980 schrieb er anläßlich des Kriegs zwischen Iran und Irak in *As-Safir: Die Fehler der Iraner legitimieren nicht die Sünden des Irak.* Am nächsten Tag wurden die Druckerpressen von *As-Safir* in die Luft gejagt. Sein Chefredakteur sagte: Das war der teuerste Kommentar, den du jemals geschrieben hast. »Ich antwortete: Ich nehme gern zehn Prozent von dem Gewinn an, den du mit dem Wiederaufbau der Druckerei zu machen gedenkst. Ich wußte nämlich, daß er Libyen eine wesentlich höhere Rechnung präsentieren werde.« Joseph schaute mich verzweifelt an. »Es ist eine zynische Welt, Lieve.«

»Und wer finanzierte *Jom as-sabi'*?«

»Die PLO in Tunis. Ideal war es nicht, aber bei ihnen brauchte ich meine Ansichten wenigstens nicht völlig verleugnen.«

Still saß ich ihm gegenüber. Ich dachte an die Männer am Tisch während des letzten Lunchs in der Redaktion. Finanziert durch die PLO! Ich versuchte mir vorzustellen, welche Wirkung diese Information auf meine Bekannten zu Hause haben würde. Das lag so weit außerhalb unseres Vorstellungsvermögens, das war nicht die Art Alternativen, vor die wir gestellt waren. Und doch begriff ich nach allem, was Joseph mir erzählt hatte, daß das für ihn die achtbarste Alternative gewesen war.

Er hatte sich schon wieder eine Zigarette angesteckt und starrte vor sich hin. War es ihm wichtig, was andere darüber dachten? Es sah nicht danach aus. Er hatte meine Fragen geduldig beantwortet, aber nun, als ich nicht mehr weiter fragte, schwieg er.

Als ich an diesem Abend in den Hof kam, wehte mir arabische Musik entgegen. In der Küche war Joseph damit beschäftigt, Chicorée zu schneiden. »Ich habe Besuch«, sagte er und reichte mir eine kleine Schüssel mit Büchsenspargel. Aus dem Wohnzimmer ertönte Gelächter. Seine Freunde saßen um einen kleinen Tisch, auf dem Joseph den gesamten Inhalt seines Kühlschranks ausgebreitet hatte. Oliven, altes Brot, ein Stück Käse – es war ein kümmerlicher Anblick. Glücklicherweise hatte einer Wein mitgebracht.

Auf dem Fernseher stand die kleine Porzellanfigur einer halbnackten Frau, die ihre vorgestreckten Brü-

ste wollüstig umfaßte. Sie war mir schon früher aufgefallen.

»Wo hast du die her, Joseph?«

Er nahm mir die Figur aus den Händen und liebko-
ste sie. »Ist sie nicht wunderschön?« Letztes Jahr sah
er sie bei einem Besuch in Moskau in einer Auslage
stehen und verliebte sich sofort in sie. Es stellte sich
heraus, daß sie nicht verkäuflich war, und er graste
die ganze Stadt ab, um ein zweites Exemplar aufzutreiben. Die Hingabe dieser Frau, so etwas Schönes
hatte er noch nie gesehen. »Früher stand sie in meinem Schlafzimmer«, sagte er, »und nachts führte ich
mit ihr stundenlange Gespräche.«

Die anderen lachten. Ich kannte sie nicht – Kollegen, erklärte Joseph, die in der gleichen Situation wie
er waren. Sie waren jünger als er, oder schien es nur
so? Joseph zeigte so oft eine natürliche Überlegenheit
in einer Gruppe, daß er leicht als der Älteste angese-
hen werden konnte.

Sie unterhielten sich auf arabisch; manchmal verstand ich, was gesagt wurde, oder Joseph übersetzte
mir etwas ins Französische. Wie oft waren wir in Beirut auf diese Weise beisammengesessen. Damals gab
es Nagi al-Ali noch, den palästinensischen Cartooni-
sten des *As-Safir*, für den nach der Evakuierung der
Palästinenser in der Zeitung kein Platz mehr war.
Später hatte ich ihn in Kuwait getroffen. Als ob er hier
selbst nur zu Gast wäre, führte er mich durch die
Zimmer seines neuen Hauses – die Couchen, die Tische, alles schien zu groß für seine schmächtige Gestalt. Ich spürte, daß er unglücklich war. Die Nächte
mit seinen Freunden in Beirut waren unwiederbring-
lich vorbei. Später wurde Nagi in London auf offener

Straße erschossen. Einer der vielen Toten, deren Mörder nicht ermittelt wurden und die straffrei ausgingen.

»Laßt uns zum Dessert ins Al-Dar gehen«, schlug Joseph vor. Das hatten wir früher während des Ramadan in Kairo auch oft gemacht – einen nächtlichen Bummel durch die belebte Stadt. Doch Paris war nicht Kairo, und als wir ankamen, waren die letzten Gäste des Al-Dar bereits am Aufbrechen. Der Inhaber stand in der Tür, ein untadelig gekleideter Libanese mit einem hübschen Gesicht. Sobald er Joseph sah, machte er eine graziöse Verbeugung und trat zur Seite.

»Ein ehemaliger Kommunist«, flüsterte mir Joseph ins Ohr. Im Nu servierten schwarz gekleidete Ober Schalen mit gekühltem Obst und libanesischen Süßigkeiten. Von der Bar aus gab der Besitzer ihnen ein Zeichen, daß die Rechnung der letzten Gäste auf das Haus gehe.

Joseph saß in der Mitte des langen Tisches, ein Clanoberhaupt, wie Hasem gesagt hätte, das über das Wohl und Weh seiner Frauen und Freunde wachte. »Cognac? Kaffee oder Tee? Hast du die *Knafe* schon gekostet?« Und obwohl sein Blick nach innen gekehrt war und er manchmal in tiefe Gedanken versunken auf den Tisch trommelte, konnte ich sehen, daß er zufrieden war. An diesem Abend begriff ich, daß Hasem mit seiner Bemerkung recht hatte, daß Joseph das alles niemals aufgeben würde.

Die Wochenenden verbrachte Joseph gewöhnlich mit seiner Exfrau und den Kindern. Es war seiner Frau wie den meisten Frauen in seinem Leben ergangen:

Er war nicht lange bei ihr geblieben. Sie hatten 1974 geheiratet, kurz vor dem Bürgerkrieg, in einer bewegten Zeit, in der er wenig zu Hause war. Drei Jahre danach hatte er sie verlassen. Sie hatte die Scheidung nie akzeptiert, und es hatte seines Wissens auch nie einen anderen Mann in ihrem Leben gegeben. Gegenüber Freunden und Bekannten tat sie so, als ob sie noch immer verheiratet wären.

Als ich ihn an diesem Sonntagabend anrief, klang seine Stimme so matt, daß mir die Beklemmung des Familienwochenendes, das er hinter sich hatte, auf einen Schlag deutlich wurde.

»Soll ich vorbeikommen?«

Als ich hereinkam, saß er lesend am Küchentisch, erschöpft und benommen. Doch sobald er zu erzählen begann, schien die Beklommenheit von ihm abzufallen.

Seine Tochter Umaja war inzwischen sechzehn, ein sensibles, anhängliches Mädchen – manchmal machte er sich Sorgen, daß sie zu wenig Durchsetzungsvermögen habe. Doch Siad war um so härter. Schon bald nach seiner Ankunft in Frankreich hatte er ein morbides Interesse für Horrorfilme entwickelt. *Nightmare on Elm Street*, Teil 1, 2 und 3, *Poltergeist*, *Freitag der 13.*, Joseph begann sich in diesem Genre inzwischen auch heimisch zu fühlen. *Terminator 1* war gerade gelaufen, nun warteten sie auf *Terminator 2*. Die Filme ähnelten einander, meistens ging es um eine Familie, die bedroht wurde, und die Kinder benahmen sich wie Erwachsene, die dem Unheil unerschrocken zu Leibe rückten. Er verstand, warum Siad diese Filme so mochte: Der kleine Erwachsene, das war er selbst, der Held, der Mutter und Schwester beschützen mußte, weil sein Vater, der Schlappschwanz, das nie getan hatte. Joseph fühlte sich schuldig, er hatte seinen Sohn in die gleiche Situation manövriert, in der er als Kind gewesen war.

Seit kurzem hatte Siad selbst zu filmen begonnen, mit der Videokamera, die Joseph ihm zu seinem Geburtstag geschenkt hatte. Aus seinem Zimmer drangen gestern so schauerliche Schreie, daß Joseph besorgt nachgeschaut hatte. Es war ein unbeschreiblicher Saustall, Kleidungsstücke lagen auf dem Boden, ein Ventilator wirbelte Papiere vom Tisch hoch, und mitten in diesem Chaos lag Omajja und kreischte, blutüberströmt und mit einer Schere in der Brust.

»Ich muß zugeben«, lachte Joseph, »daß mein Sohn ein Meister der Schminktechnik ist, es sah beängstigend echt aus!« Später hatte Omajja sich beschwert: Sie hatte nicht weniger als viermal sterben müssen, bevor Siad zufrieden war.

Abends hatten sie sich zusammen die Nachrichten angeschaut. Als die kurdischen Flüchtlinge ins Bild kamen, wandte Siad den Kopf ab. »Immer Ärger mit diesen Arabern«, schimpfte er. »Wenn sie nicht herumballern, hocken sie garantiert in dem einen oder anderen Lager und betteln.«

»Kurden sind keine Araber«, protestierte Joseph.

»Aber ihr Schlamassel kommt doch durch die Araber?«

So verliefen ihre Gespräche meistens, aufbrausend, kurz angebunden. Die Kapitulation des Irak hatten sie sich auch zusammen angeschaut. Für Joseph waren es schreckliche Bilder, die ihm noch wochenlang durch den Kopf spukten. In einem Zelt im Hintergrund die Iraker, die monatelang behauptet hatten, daß sie den Krieg gewinnen würden, und die gerade eine demütigende Vereinbarung unterzeichnet hatten; im Vordergund ein saudischer General, der sich aufführte, als ob er gewonnen hätte, bis Schwarzkopf ihm unverblümt erklärte, wie es sich in Wirklichkeit verhalte. Das war einer der Augenblicke, in denen Joseph in Gedanken seine Pistole von den Irakern zu den Saudis wandern ließ, um letztlich festzustellen, daß er sich besser selber die Kugel gab.

»Aber für Siad war die Wahl zwischen den Irakern und den Saudis kein Problem: Er stand hundertprozentig hinter Schwarzkopf! Er haßt alles, was arabisch ist. Libanesisches Essen findet er widerlich, arabische Musik bezeichnet er als Geplärr, und auf der Straße muß ich mit ihm französisch reden, weil er Angst hat, daß uns die Leute sonst anstarren würden. Araber, das ist für ihn Beirut, Explosionen, Entführungen – schlechte Nachrichten.«

»Mußt du ihm da nicht recht geben?«

Joseph seufzte. »Ich weiß es nicht. Was mir Sorgen macht, ist, daß er immer sagt: wenn ich später reich bin. Aber wie soll er reich werden?«

Der einzige Libanese, den Siad gerne kennenlernen wollte, war Mario Kasar, ein steinreicher Produzent von B-Filmen. Tja, den kannte sein Vater natürlich nicht, der kannte lediglich belanglose Cineasten wie Marun.

Neulich spielten Siad und Omajja winzige Rollen in einem Film von Marun. Sie gingen mit der ganzen Familie hin. Nach Drehschluß rief Siad, daß er einen Walkman haben wolle. »Dafür habe ich jetzt kein Geld«, sagte Joseph. »Ich hab selber Geld«, erklärte Siad und holte die 250 Francs aus der Tasche, die er gerade von Marun bekommen hatte. Omajja hatte das Geld abgelehnt – sie wußte, daß es sich um einen Freundschaftsdienst handelte. Joseph befahl Siad, das Geld zurückzubringen, was dieser nach einigem Widerstand auch tat.

Am Abend zog er triumphierend 500 Francs aus der Tasche: Statt das Geld zurückzugeben, hatte er auch Omajjas Anteil einkassiert. Achtmal hatte er mit einem Sack Mehl auf dem Rücken durchs Bild laufen müssen, bis der Kameramann die Szene im Kasten hatte – er fand, daß er die 500 Francs doppelt und dreifach verdient habe.

»Ich bin ein Präkapitalist«, sagte Joseph, »aber mein Sohn ist ein Postkapitalist!« Er hatte die Geschichte mit gespielter Entrüstung erzählt, aber jetzt lachte er und gab sich keine Mühe mehr, seinen väterlichen Stolz zu verbergen.

Eines Nachmittags spazierten wir durch den Jardin des Plantes. Pariser flanierten unter den japanischen Kirschbäumen, der Duft von Flieder hing in der Luft. Auf einer Bank saß ein altes arabisches Ehepaar. Sie trug ein weißes Kopftuch, er ließ die Perlen seiner Gebetsschnur durch die Finger gleiten. »Sie beten«, sagte Joseph. Wir setzten uns auf eine Bank ein Stück weiter.

Am Abend zuvor waren wir bei Freunden zum Essen gewesen. Sie hatten sich über den Rassismus der Franzosen beklagt und über die Art und Weise, in der die Medien über den Golfkrieg berichtet hatten. Sie benahmen sich nicht wie Menschen, die eine Niederlage erlitten hatten, im Gegenteil, sie waren empört, es war ihnen Unrecht zugefügt worden. Vor Jahren hatte ich mich von diesem Klagelied unter Arabern abgewendet – ich war überrascht, daß sich all diese Frustrationen als so resistent erwiesen. Wir stritten uns, während die syrische Gastgeberin das Essen austeilte und der palästinensische Gastgeber Arrak nachschenkte.

Joseph hatte sich über mich geärgert. »Du hättest nicht sagen dürfen: *Wir im Westen*«, sagte er, »du hättest dich nicht auf diese Weise von ihnen distanzieren dürfen.« Er hatte recht. Selbst war er viel vernünftiger gewesen. Er hatte argumentiert, daß sich die Araber wenig Mühe gegeben hätten, sich ein positives Image zu geben, und daß die französischen Zeitungen zumindest die Meinung ihrer Leser widerspiegelten, was von der arabischen Presse nicht behauptet werden könne.

Für heute abend war meine Abreise vorgesehen. Es gefiel mir ganz und gar nicht, ihn so zurückzulassen, und doch wußte ich, daß ich nichts für ihn tun konnte, daß er sich schließlich selbst zu helfen wissen werde. Früher oder später würde ihm sicher wieder eine Stellung angeboten werden, innerhalb des gleichen Systems, über das er mir erzählt hatte. Warum stieg er nicht aus? Ich wollte ihn verstehen, aber ich verstand ihn nicht ganz.

»Ich weiß, daß du niemals in Französisch schreiben wirst«, sagte ich, »aber ich weiß noch immer nicht, warum.«

Kurz war es still, wie immer, wenn dieses Thema angeschnitten wurde. Dann sagte er: »Was soll ich mit einem französischen Leser? Ich will, daß sich die arabische Welt an die heutige Zeit anpaßt, ich will, daß ein algerischer Student lesen kann, was ich schreibe. Ich will die Wahrheit sagen, aber ich will auch gehört werden, ich will am Puls bleiben. Wenn ich zu weit vorauseile, bin ich allein.«

»Vielleicht müßtest du doch nach London gehen.«

Er schüttelte den Kopf. »Nein, nein. Das ist das Problem dieses Krieges: Der Sieger ist keine Alternative. Saddam Hussein hat uns in eine böse Situation gebracht: Wenn er gesiegt hätte, hätte er allein gesiegt, doch indem er verloren hat, hat er alle Araber in seinen Fall verstrickt. Was haben die Saudis uns zu bieten? Nichts. Ist ein westlicher Intellektueller vielleicht mit dem zufrieden, was in Saudi-Arabien geschieht? Sie haben dort nicht einmal ein Parlament!

Wenn du eine Gesellschaft danach beurteilst, wie sie mit Frauen, Homosexuellen und Juden umgeht, schneiden die Golfstaaten dabei schlecht ab. Und dann gibt es die Palästinenser. Kannst du dir eine Demokratie in Europa vorstellen, in der Antisemitismus toleriert wird? Und so können wir in der arabischen Welt keine Demokratie haben, solange wir das Problem der Palästinenser nicht lösen. Die Kuwaiter haben immer die extremsten palästinensischen Bewegungen unterstützt, und schau nur, was sie jetzt tun!«

Er schwieg irritiert. Das arabische Ehepaar auf der Bank war noch immer in Gemurmel versunken. Sie warteten auf den Sonnenuntergang, die Stunde, in der sie das Fasten unterbrechen konnten.

Es war der Moment, um etwas Feierliches zu sagen, etwas Definitives, das uns die Möglichkeit gab, in Frieden zu scheiden. Doch ich fühlte mich nur müde und leer.

Es war Joseph, der das Schweigen brach. »Also gut, laß uns einen Deal machen«, sagte er versöhnlich,

»ab morgen schreibe ich auf französisch. Aber dann mußt du mir auch etwas versprechen.«

»Und was?«

»Daß du dir einen karierten Schal um den Kopf wickelst und in einem Palästinenserlager verschwindest.«

Er hatte sich erhoben und stand vor mir, eine dunkle Silhouette im grellen Nachmittagslicht. Ich sah, daß er lachte. »Abgemacht?« Dann reichte er mir die Hand zum Aufstehen.

1991

Lieve Joris

Mali Blues

Ein afrikanisches Tagebuch. Aus dem Niederländischen von Ira Wilhelm und Jaap Grave. 313 Seiten. SP 2977

Was macht Lieve Joris' Erzählungen über fremde Länder so besonders berührend? Sie *lebt* mit den Menschen an den Orten, bevor sie über sie schreibt. Die Afrikaner, die sie auf ihren Reisen trifft, sind Überlebenskünstler, die Zauberei, Tradition und Moderne zu vereinbaren wissen. Der politischen Unfähigkeit ihrer Regierungen bewußt, nehmen sie mit Mut und viel Humor ihr Leben selbst in die Hand – wie der junge Amadou aus einer kleinen Stadt am Ufer des Senegal, der sich als einziger Besitzer eines Fernsehapparats in seiner Nachbarschaft eine gute Einnahmequelle verschafft hat. Oder der Schulinspektor Sass, mit dem die Autorin die Wüste Südmauretaniens durchqueren will und der erst einmal warten muß, bis ein paar pfiffige Automechaniker auf Kamelen angeritten kommen und seinen Toyota reparieren. Lieve Joris schildert die Hoffnung und die Poesie dieses Kontinents.

Die Tore von Damaskus

Eine arabische Reise. Aus dem Niederländischen von Barbara Heller. 301 Seiten. SP 3088

Wie ein Roman liest sich die Geschichte der jungen syrischen Soziologin Hala, die mit ihrer Tochter Asma allein in Damaskus lebt. Zwölf Jahre zuvor hatte die Geheimpolizei bei einer Razzia Halas Wohnung gestürmt und ihren Mann Ahmed verhaftet – er war Marxist. Halas Leben wird nun bestimmt von der konservativen Familie ihres Mannes, der wechselhaften Tagespolitik und ihrem eigenen Wunsch nach einem selbständigen, unabhängigen Leben. Lieve Joris begleitet sie auf ihren Fahrten kreuz und quer durchs Land, wo sich karge Wüstenlandschaften und üppige Oasen abwechseln, moderste Großstädte und kleine Dörfer. Hinter dieser farbenprächtigen Welt verbirgt sich jedoch Halas Lebenstragödie, denn längst hat sie aufgehört, ihren Mann zu lieben. Nun aber steht eine Amnestie bevor und damit auch die Rückkehr von Ahmed ...

SERIE PIPER

Michael Asher

Zu zweit gegen die Sahara

Per Kamel auf Hochzeitsreise.
Aus dem Englischen von Hanna
van Laak. 352 Seiten mit 36 Fotos
von Mariantonietta Peru.
SP 3331

Eigentlich ist das Unternehmen, das Michael Asher sich vorgenommen hat, schwierig genug: Er möchte auf dem Kamel die Sahara durchqueren. Damit aber die Sache nicht zu harmlos, zu unproblematisch wird, funktioniert er die Expedition zur Hochzeitsreise um und nimmt seine Frau Mariantonietta mit, die er fünf Tage zuvor geheiratet hat. Auf diese abenteuerliche Weise entstand Stoff in Hülle und Fülle für ein außergewöhnlich spannendes und amüsantes Buch, an dessen Ende Asher resümiert: »Wir drehten uns um, um einen letzten Blick auf die Sahara zu werfen. Für jeden von uns hatte die Wüste eine eigene Bedeutung. Für mich war sie eine Leere, der wir Leben eingehaucht hatten, eine Arena, in der wir ein unglaubliches Spiel auf Leben und Tod aufgeführt hatten.«

Marcel Keiffenheim

Hochzeitsreise unter Segeln

Zu zweit über den Atlantik.
173 Seiten mit 16 farbigen
Abbildungen. SP 3015

Die Idee ist für viele ein Traum: Heiraten und gleich darauf ein Jahr lang auf eine äußerst ungewöhnliche Hochzeitsreise gehen. Für Petra Hach und Marcel Keiffenheim wurde er wahr. Sie kündigten Jobs und Wohnung und segelten in einem gebraucht gekauften Segelboot los, um den Atlantik zu überqueren. Knapp 12 000 Seemeilen legten sie in gut einem Jahr zurück – von Hamburg über Holland, die Atlantikküste südwärts bis zu den Kanaren, in die Karibik, zu den Azoren und dann wieder zurück. Die Gefahren waren groß, die Angst vor Flauten, Stürmen, Havarien, Bootsuntergängen, Nervenzusammenbrüchen war immer mit an Bord ... Ein spannender Bericht über eine abenteuerliche Fahrt und das Wagnis zu zweit.

Jon Krakauer

In die Wildnis

Allein nach Alaska. Aus dem Amerikanischen von Stephan Steeger. 302 Seiten. SP 3335

Eine kleine Pistole und ein Fünf-Kilo-Sack Reis – das war die einzige Ausstattung des jungen Chris McCandless, mit der er sich in die Wildnis Alaskas begab. Seine gesamten Ersparnisse von fünfundzwanzigtausend Dollar hatte er gespendet und das restliche Bargeld verbrannt – er wollte ein neues, ganz anderes Leben beginnen. Vier Monate später wurde seine Leiche in der Wildnis von Alaska von einem Elchjäger gefunden. Jon Krakauer, für seine spektakulären Reportagen bereits mehrfach preisgekrönt, hat die abenteuerliche Wanderung des Chris McCandless anhand von Tagebucheintragungen, Postkarten und Interviews rekonstruiert. War Chris ein hoffnungsloser Romantiker oder einfach nur ein Spinner? Oder wurde er von einer Sehnsucht getrieben, die nur zu typisch ist für unser zu Ende gehendes Jahrhundert?

In eisige Höhen

Das Drama am Mount Everest. Aus dem Amerikanischen von Stephan Steeger. 380 Seiten mit 33 Schwarzweißfotos. SP 2970

SERIE **PIPER**

Im März 1996 beauftragte die amerikanische Zeitschrift »Outside« den Reporter Jon Krakauer mit einem Bericht über die Kommerzialisierung des Bergsteigens am Mount Everest. Selbst der Faszination des Berges erlegen, schließt er sich einem Team unter Führung eines erfahrenen neuseeländischen Bergsteigers an. Am 10. Mai 1996 steht er dann tatsächlich auf dem Gipfel, am Ende seiner Kräfte. Der gefährliche Abstieg folgt, zwanzig andere Bergsteiger drängen weiterhin verbissen zum höchsten Punkt. Keiner hat registriert, daß ein Schneesturm aufzieht, vor dem sich Krakauer gerade noch in sein Zelt retten kann. Es kommt zur bisher größten Katastrophe am höchsten Berg der Welt: Neun Bergsteiger aus vier Expeditionen sterben, und vor Ende des Monats werden weitere drei Bergsteiger den Tod finden.

Bettina Selby

Himalaja

Mit dem Fahrrad durch Nepal, Kaschmir und Sikkim. Aus dem Englischen von Jürg Wahlen. 298 Seiten mit 22 Farbfotos. SP 3338

Eine Frau um die fünfzig fährt mit ihrem Fahrrad 8000 Kilometer von Karatschi Richtung Himalaja, durch Indien und Nepal bis nach Katmandu. Immerhin, wenigstens das Fahrrad ist eine Spezialanfertigung – zum Nachbauen gibt's die genauen Anweisungen. Das ist aber auch der einzige Luxus auf der fünfmonatigen Tour, die Bettina Selby mitten hineinführt in die Fremde, die sie konfrontiert mit unabwägbaren, manchmal auch gefährlichen Situationen, mit Neugier und Gastfreundschaft, mit Zudringlichkeit und Zuneigung, vor allem aber mit dem intensiven Erleben einer atemberaubenden Landschaft.

Timbuktu!

Eine Frau in Schwarzafrika allein mit dem Fahrrad unterwegs. Aus dem Englischen von Jürg Wahlen. 285 Seiten mit 21 Farbfotos von Bettina Selby. SP 1724

Mit ihrem roten Fahrrad bricht die Autorin auf, um ein Stück Schwarzafrika – von Niamey bis Timbuktu – zu erkunden: vorbei an Lehmhütten und Reisfeldern, durch die Wüste und durch den Urwald, immer entlang dem Niger. Auf ihrem abenteuerlichen und strapaziösen Weg, den sie mit erfrischender Selbstironie schildert, erlebt sie Menschen und Landschaft in einer Unmittelbarkeit, wie sie nur die Reisegeschwindigkeit des Fahrrads erlaubt. Sie stößt auf verloren geglaubte Kulturen und liefert Momentaufnahmen einer fernen Welt, die vom Untergang bedroht ist.

Ah Agala!

Mit dem Fahrrad durch Afrika. Aus dem Englischen von Jürg Wahlen. 338 Seiten mit 19 farbigen Abbildungen und 4 Karten. SP 1257

Ah Agala! – so der Ausruf des Erstaunens und der Begeisterung der Ägypter, wenn das exotische Fahrrad mit seiner nicht minder exotischen, alleinreisenden Besitzerin auftaucht. Im Sudan und in Uganda wechselt die Sprache, aber das Aufsehen bleibt: Bettina Selby durchquert mit dem Fahrrad alleine die afrikanische Wüste. Ihre Erlebnisse und Eindrücke lesen sich spannender als jeder Roman.

Antje Windgassen

Alexandra David-Néel
Auf der Suche nach dem Licht.
Biographischer Roman. 246 Seiten.
SP 3339

Als Dreiundzwanzigjährige machte sie sich 1891 das erste Mal auf in das Land ihrer Träume, nach Asien. Schließlich verbrachte sie ihr halbes Leben dort und wanderte durch Indien, Sikkim, Nepal, China und Tibet. Begegnungen mit dem Dalai Lama und mit Mahatma Gandhi machten sie weltberühmt. Als eine der ersten Frauen studierte Alexandra David-Néel an der Sorbonne, mit dreiundzwanzig Jahren unternahm sie 1891 ihre erste Reise nach Asien, in das Land ihrer Träume – allein! Als bekannte Orientalistin und Schriftstellerin verbrachte sie schießlich ein halbes Leben dort.

»Es gab rasante Abenteuerinnen, die auf Kamelen Afrika erkundeten, in langen Röcken den Mont Blanc bezwangen und in unsicheren Flugkisten mit offenem Cockpit flogen. Eine von ihnen und die wohl berühmteste ist Alexandra David-Néel.«
Emma

Anne Spoerry

Man nennt mich Mama Daktari
Als fliegende Ärztin in Kenia. Aus dem Französischen von Angelika Steiner. 282 Seiten mit 8 Schwarzweiß- und 29 Farbfotos.
SP 2667

Fliegende Ärztin und Farmerin in Kenia – in ihrer Autobiographie erzählt Anne Spoerry von einem wahrhaft abenteuerlichen Leben. Die Tochter einer elsässischen Industriellenfamilie hatte schon ein bewegtes Leben hinter sich, als sie nach Kriegsende Tropenmedizinerin wurde und sich in Kenia als Landärztin niederließ. Dort wurde sie zur berühmten »Mama Daktari«, was auf Suaheli »Frau Doktor« heißt. Mehr als dreißig Jahre war sie fast täglich mit ihrem Flugzeug unterwegs, von den Wüsten des Nordens bis in das Hochland von Zentralkenia und zur Missai-Steppe. Sie hat Gewalt und Elend erlebt, aber auch Heiterkeit, Gelassenheit und Lebensfreude.

SERIE PIPER

SERIE PIPER

Hauptsache weit weg

Abenteuerliche Frauen-Leben.
Herausgegeben von Susanne
Aeckerle. 237 Seiten. SP 2697

Viele Frauen reizt der Gedanke, nicht nur in die Ferne zu reisen, sondern auch dort zu leben, zu arbeiten und – zu lieben. Und schon immer gab es mutige und starke Frauen, die sich auf den Weg machten: in die Wüste, nach Grönland, zu den Scheichs, in den Busch, zu den Kopfjägern. Dort blieben sie für ein paar Monate, ein paar Jahre – oder ein ganzes Leben.

Elf berühmte abenteuerliche Frauen sind in diesem Band vereint: Daisy Bates, Margaret Mead, Florinda Donner, Dian Fossey, Sophie Caratini, Maria Sibylla Merian, Anna Leonowens, Anne Spoerry, Lady Hester Stanhope, Christiane Ritter und Carmen Rohrbach.

Strapazen Nebensache

Abenteuerliche Frauen reisen.
Herausgegeben von Susanne
Aeckerle. 230 Seiten. SP 3333

Ob mit dem Fahrrad durch Afrika, mit dem Kamel durch die australische Wüste, zu Fuß quer durch Tibet, im einmotorigen Flugzeug über den Atlantik, als Einhandseglerin um die Welt oder im Frauenteam zur Spitze des Annapurna: Reisen, die Welt sehen, Abenteuer erleben – das hat auch Frauen schon immer gelockt. Dieses Buch vereint zehn Berichte abenteuerlicher Frauen: Mary Kingsley, Alexandra David-Néel, Robyn Davidson, Bettina Selby, Helen Thayer, Lucy Irvine, Elly Beinhorn, Beryl Markham, Gudrun Calligaro und Arlene Blum.

»Jede Reise ist ein Abenteuer oder kann zu einem werden. Auch heute noch, wo wir ohne großen Aufwand die entferntesten Orte der Welt erreichen können. Und es wird immer Frauen geben, die über alle Grenzen hinaus nach dem Neuen, Unbekannten, der persönlichen Herausforderung suchen.«

Aus der Einleitung

Am liebsten in der Luft

Abenteuerliche Fliegerinnen.
Herausgegeben von Susanne
Aeckerle. 172 Seiten. SP 3043